普通高等学校"十四五"规划工程实践类特色教材
普通高等教育"新形态"一体化教材

U0641881

GONGCHENG SHIJIAN YU CHUANGXIN ZONGHE ZHINAN

工程实践与创新综合指南

主　编　江志刚　　曹建华　刘　翔
副主编　刘晓芹　　鲍　雄　郑　翠
　　　　金　磊

华中科技大学出版社
http://press.hust.edu.cn
中国·武汉

内 容 简 介

本书是为了适应科学技术的不断发展及工程实践教学改革不断深入,并结合培养应用创新型工程技术人才的实践教学特点而编写的。全书共分工程实践创新概述、材料成型技术、机械切削加工技术、先进机械加工技术、电子工艺技术、智能制造技术和综合实践创新七大部分,具体包括工程材料及其热处理工艺、铸造工艺、锻压工艺、焊接工艺、车削工艺、铣削工艺、刨削工艺、磨削工艺、钳工工艺、数控车削、数控铣削、数控电火花线切割、3D打印技术、激光加工技术、电子元件焊接、电路设计与制作、工业协作机器人、智能制造产线数字孪生、新能源小车设计与制作、工业协作机器人及数字孪生技术创新应用、五轴加工及数字孪生技术创新应用等实训项目。

本书可作为高等学校机械类、非机械类专业的机电综合工程实践指导书与实训报告,也可供相关工程技术人员参考。

图书在版编目(CIP)数据

工程实践与创新综合指南 / 江志刚,曹建华,刘翔主编. -- 武汉 : 华中科技大学出版社,2025. 8.
ISBN 978-7-5772-2059-8

Ⅰ. G642.3-62

中国国家版本馆 CIP 数据核字第 2025XC9027 号

工程实践与创新综合指南　　　　　　　　　　　江志刚　　曹建华　　刘　翔　主编
Gongcheng Shijian yu Chuangxin Zonghe Zhinan

策划编辑:王汉江

责任编辑:王汉江

封面设计:原色设计

责任监印:曾　婷

出版发行:华中科技大学出版社(中国·武汉)　　电话:(027)81321913
　　　　　武汉市东湖新技术开发区华工科技园　　邮编:430223

录　　排:武汉市洪山区佳年华文印部

印　　刷:武汉市洪林印务有限公司

开　　本:787mm×1092mm　1/16

印　　张:6.5

字　　数:150 千字

版　　次:2025 年 8 月第 1 版第 1 次印刷

定　　价:24.00 元

前　言

　　工程实践作为工科类高校参与学生人数最多、覆盖面最广、受益面最大的实践教学课程,是培养学生综合实践能力和创新意识的重要教育环节,对培养高质量、高层次的新世纪工程技术人才,起着其他课程不可替代的作用。

　　随着科学技术的快速发展,科学知识的更新日益加快,制造技术日新月异,新材料、新技术、新工艺不断涌现,工程实践课程的教学内容也随着不断更新和丰富。由于工程实践教学内容的不断增多与有限教学学时之间的矛盾,有必要对工程实践的教学内容、教学方法进行改革,由传统工程训练向现代工程实践转变,适当压缩传统训练内容,增加先进制造、智能制造的训练内容。为了适应课程改革的需要,配合柔性模块化工程实践教学,我们编写了这本指南。实训前,学生可了解各训练项目的实训内容、实训安全注意事项及实训步骤;实训结束后,学生可按教学要求完成对应的实训报告。

　　参加本书编写的人员有江志刚、曹建华、刘翔、刘晓芹、鲍雄、郑翠、金磊等,武汉华中数控股份有限公司、武汉高德信息产业有限公司等企业对本书的编写提供了支持。

　　由于编者水平有限,书中难免有错误和不妥之处,恳请读者批评指正。

编　者

2025 年 5 月

全书配套资源二维码

资源网及线上作业使用说明

教师使用流程

1. 登录网址：https://bookcenter.hustp.com/login.html（注册时请选择教师用户）

注册→登录→完善个人信息→等待审核

2. 审核通过后，您可以在网站使用以下功能：

浏览教学资源→开设课程→管理班级/学生→查询学生学习记录

学生使用流程

一、PC端操作说明

1. 登录网址：https://bookcenter.hustp.com/login.html（注册时请选择学生用户）

注册→登录→完善个人信息

2. 使用数字资源

搜索教材→进入教材详情页→查看教材的网络学习资源

注意：

（1）公开的网络学习资源可以直接点击观看。

（2）非公开的网络学习资源，需要激活学习码后方可观看（学习码在图书封底）。

3. 学生加入课程完成学习（如老师不要求进入课程学习可忽略此步）：

教材详情页→加入课程→绑定班级→学习/做题/学习记录留存

二、手机端操作说明

手机扫码→注册/登录→查看学习资源（非公开资源需要先激活学习码）

教师或学生如遇到操作上的问题，可咨询陈老师（QQ：514009164）。

郑重声明：本教材一书一码，请妥善保管。请勿购买盗版图书。

扫码注册

在线习题-1

在线习题-2

目　　录

第一部分　工程实践创新概述

训练 1　工程实践创新概述

一、工程实践创新目的和意义

工程实践创新的目的是培养学生的工程实践能力、协作精神和创新意识，通过对机电工艺知识的学习，了解制造工程的基础工艺过程；体会、了解工程的概念；培养工程思维能力和通过动手实践掌握知识的能力。

二、工程实践创新的内容

机械加工制造的内容包含热加工（铸造、锻压、焊接、热处理）、车削加工、铣削加工、刨削加工、磨削加工、钳工、先进制造（数控车削、数控铣削、数控电火花线切割、3D 打印、特种加工）。

电子加工制造的内容包含电子焊接（手工焊接、回流焊）、PCB 电路板设计与制作、电子产品安装与调试。

三、工程实践创新守则

（一）实训学生考勤规定

（1）实训须遵守实训纪律，不得迟到、早退或无故不参加实训。迟到、早退超过一小时视为旷课，取消本次实训成绩。

（2）实训期间如遇有全校性会议或体育比赛等要参加，必须持所在学院证明经由实训中心批准。

（3）请病假时，必须持医生证明。

（4）若实训期间有重要事情必须请假，一律由本人写请假条，需经实训中心领导签字批准，否则按旷课论处。

（二）安全注意事项

安全，是工程实践教学永恒的主题。

（1）严守各项安全法规，坚持安全第一、预防为主的方针。

（2）进入实训场地必须按规定穿戴防护服，防护服上所有纽扣必须全部扣好。凡操作机床一律严禁戴手套、围巾、项链等，长发学生按规定佩戴工作帽。未穿防护服一律不得进入实训现场。

（3）实训前学生必须进行安全知识自学，教师举行安全教育讲座。

（4）学生进入现场后，首先应到现场指导老师处登记签到。

（5）操作前认真听现场教师进行现场安全知识、操作规程、安全要求示范讲解。

（6）实训中若发生安全事故或故障，必须首先用安全的方法切断事故源，同时通知现场指导老师，由老师来处理异常情况。

（7）操作时严禁站在机床旋转部件旋转切线方向的位置，以防被意外飞出的工件击伤。

（8）实训现场严禁戴耳机或挂耳机，操作时或在运转的设备附近严禁聊天或使用手机，以保持安全警觉，以保证对意外事故能及时做出正确反应。

（9）严禁踩踏机床周边电线，不要站在配电柜门旁，以防触电。

（10）通过现场时，应在安全通道内行走，应对天车及周围设备保持警觉。

（11）实训现场内严禁跑、跳、打闹，以防摔伤。

（12）实训任务完成后应及时清理现场，使设备保持安全、清洁状态，经现场指导老师检查通过后，方可离开现场。

四、习题

（一）填空题（每空 2 分，共 54 分）

（1）工程实践的目的是培养学生的_____、_____和_____。

（2）通过对机电工艺知识的学习，了解制造工程的_____；_____、_____工程的概念；培养_____和通过_____掌握知识的能力。

（3）若实训期间学生有重要事情必须_____，一律由_____写请假条，_____签字批准，否则按_____论处。

（4）进入实训场地必须按规定_____，长发学生按规定_____。未穿防护服一律不得_____。

（5）操作时严禁站在_____位置，以防_____。

（6）实训中若发生安全事故或故障，必须首先_____，同时_____，由_____来处理异常情况。

（7）实训现场内严禁_____、_____、_____，以防摔伤。

（8）实训任务完成后应及时_____，使设备保持_____、_____状态，经现场指导老师_____后，方可离开现场。

(二)问答题(共 46 分)

(1)工程实践的主要内容有哪些?（10 分）

(2)实训期间的考勤规定有哪些?（16 分）

(3)实训期间有哪些必须遵守的安全注意事项?（20 分）

第二部分　材料成型技术

训练 2　工程材料及其热处理工艺

一、热处理的原理、特点及应用

工程材料是指用于机械、车辆、船舶、建筑、化工、能源、仪器仪表、航空航天等工程领域的材料,用来制造工程构件和机械零件,也包括一些用于制造工具的材料和具有特殊性能的材料。工程材料有各种不同的分类方法,一般都将工程材料按化学成分分为金属材料、非金属材料和复合材料三大类。

金属材料是最重要的工程材料,包括金属和以金属为基的合金。金属材料的热处理是将固态金属或合金,采用适当的方式进行加热、保温和冷却,改变材料内部组织结构,从而改善材料的性能。热处理方法很多,其共同点是只改变内部组织结构,不改变表面形状与尺寸,而且都由加热、保温、冷却三阶段组成。

二、热处理工艺实训内容及目的

实训内容:制作弹簧;对比钢的淬火前后硬度。

实训目的:通过独立完成弹簧制作,了解常用热处理工艺及热处理炉操作方法,掌握热处理中退火、淬火、回火等基本操作技能。通过钢的淬火前后硬度对比操作,了解洛氏硬度计的组成及使用方法,掌握淬火操作方法和作用。

三、热处理工艺实训安全操作规程

(1) 实训时要按规定穿戴好必要的防护用品。

(2) 未经实训指导人员许可不得擅自动用任何设备、电闸或开关,以免发生安全事故。

(3) 操作前要熟悉热处理设备使用方法及其他工具、器具。

(4) 处理工件前要认真看清图纸要求及工艺要求,严格按照工艺规程操作。

(5) 用电阻炉加热时,工件进炉、出炉应先切断电源,以防触电。

(6) 为保证炉温,不能随便打开炉门,检查炉内情况应从炉门孔中观察。

(7) 冷却剂应放置于就近方便的位置,减少工件出炉后降温。

(8) 出炉时应保持工位正确,夹持稳固,防止炽热工件伤害人体。

（9）出炉后的工件不能用手触摸，以防烫伤。

（10）实训完后，打扫场地卫生，放好工具、器具。

四、案例

实训项目：弹簧的制作。

（1）训练材料：65Mn ϕ2 mm 低碳钢丝 1 根。

（2）训练要求如下。

操作方法：将钢丝在芯棒上绕制成弹簧。

淬火温度：820～850 ℃。

冷却方式：水中急冷。

检验方式：拉、压弹簧，观察结果。

（3）弹簧制作工艺如下。

① 正火：加热温度及保温温度 830 ℃，保温时间 3～5 min，冷却方式为空冷。

② 绕制成型：将正火过的钢丝一端弯成一个直角，长度为钳口的 1.5 倍长，放在绕簧器上绕制成型。

③ 淬火：淬火温度 830 ℃，保温时间 3～5 min，冷却方式为水冷。

④ 中温回火：回火温度 480 ℃，保温时间 3～5 min，冷却方式为空冷。

⑤ 检验：弹簧功能。

五、习题

（一）填空题（每空 2 分，共 32 分）

（1）钢的普通热处理包括_____、_____、_____和_____。

（2）常用热处理设备有_____、_____和_____。

（3）淬火的主要目的是提高_____和_____，增加_____。

（4）热处理工艺中，回火可分为_____、_____和_____。

（5）回火的目的是减小或消除工件在淬火时形成的_____，降低淬火_____，使工件获得较好的_____等综合机械性能。

（二）判断题（正确的打"√"，错误的打"×"。每题 3 分，共 9 分）

（1）表面热处理，是指通过快速加热，仅对钢件表面进行热处理，以改变内部组织和性能的热处理工艺。　　　　　　　　　　　　　　　　　　　　　（　　）

（2）厚薄不均匀的淬火工件冷却时，应将薄的部分先入水。　　　　　　（　　）

（3）回火是对淬过火的钢而言的，回火工序直接决定了淬火工件的使用性能和寿命。

（　　）

(三) 选择题(将正确答案的选项填入题中的横线上,其中有的为多选题。每题3分,共9分)

(1) 热处理工艺中,工件正火时的冷却方法是_____。

a. 快速冷却

b. 随炉冷却

c. 在空气中缓冷

(2) 钳工实训中制作的小手锤,要进行_____热处理,来提高它的硬度和耐磨性。

a. 退火

b. 正火

c. 淬火后低温回火

(3) 细而长的零件淬入水中时,采用_____方式比较合适。

a. 平放

b. 斜放

c. 垂直放入

(四) 问答题(共50分)

(1) 淬火、回火的目的是什么?(13分)

(2) 何为退火?(10分)

（3）表面淬火可分哪两种？（15分）

（4）实训中工具钢（锯条）淬火的工艺如何？（12分）

训练 3　铸 造 工 艺

一、铸造的原理、特点及应用

将液体金属浇注到具有与零件形状相适应的铸型型腔中,待其冷却凝固后得到零件毛坯(或铸件)的方法叫做铸造。铸造生产方法包括砂型铸造和特种铸造。

铸造是机械制造业的基础,是现代机械制造中取得成型毛坯应用最广泛的方法。在一般的机械中,铸件重量约占设备重量的 40%～90%;在汽车、拖拉机制造业中,铸件重量约占 50%～70%,在机床、重型机械、矿山机械、水电设备铸件重量占 85% 以上,所以铸造在机械制造业中占有重要地位,特别是快速精密铸造技术的应用中。

由于铸造是由液态金属成型,因此其适用性广,采用铸造工艺可生产外形及内腔很复杂的零件;能铸造各种金属及合金铸件;可进行各种批量的生产;材料利用率高,生产成本较低。但是由于铸造生产工序较多,铸件质量不够稳定,铸件组织不致密,机械性能较低,因此在一些承受大的交变载荷、动载荷的重要受力元件还不能选用铸件做毛坯。近年来合金球墨铸铁及高强度铸造合金新材料、新工艺、新技术的发展,大大扩展了铸造生产的应用范围。

二、铸造的实训内容及目的

实训内容:完成砂型铸造里最基本的整模造型。

实训目的:通过独立完成手工整模造型,认识铸造设备、工具、量具性能并正确使用,掌握砂型铸造的生产过程,理解模型加工、制作芯盒、配砂、造型、造芯、合箱、熔化金属液、浇注、落砂和清理等工艺方法。

三、铸造实训安全操作规程

(1)进入车间实训时,要穿好工作服,戴好防护用品。袖口要扎紧,衬衫要系入裤内。不得穿凉鞋、拖鞋、高跟鞋、背心、裙子和戴围巾进入车间。

(2)严禁在车间内追逐、打闹、喧哗和阅读与实训无关的书刊等。

(3)工作前检查自用设备和工具,砂型必须排列整齐,并留出浇注通道。

(4)工作场地上的铁钉、散砂应随时清理和回收,保持通道畅通。

(5)车间所有设备(机械和电器)不要乱动。

(6)手工造型:

① 舂砂时,不得将手放在砂箱上,以防砸手伤人。

② 造型时,不可用嘴去吹型砂,只能用皮老虎吹砂。使用皮老虎时,要选择无人的方向吹,以防砂子吹入眼中。

③ 造型时,要保证分型面平整、吻合。为防止浇注时金属液从分型面间射出,造成跑火,可用烂砂将分型面的箱缝封堵。

④ 人力搬运或翻转芯盒、砂箱时,要小心轻放,应量力而行,不要勉强。两人配合翻箱时,动作要协调。弯腰搬动重物时,要防止扭伤。

⑤ 合箱时,手要扶住箱壁外侧,不能放在分型面上,以防压伤手。

⑥ 手锤应横放在地上,不可直立放置,以防伤脚。

⑦ 每人所用的工具应放在工具盒内,不得随意乱放。起模针和气孔针放在盒内时,尖头应向下,以防刺伤手。

（7）每天实训结束,做好工具、用具的清理,打扫场地卫生,保持场地整洁。清理场地时,不许乱丢铸件。

四、案例

项目:手工造型及制芯。

操作步骤如下:

（1）擦净模样。

（2）安置模型如下图所示。保证模型与砂箱的距离适当（30～100 mm）。如果间距太小,浇注时金属液体易从分型面流出;如果间距太大,会浪费型砂和工时。若模型容易粘砂,要先撒上滑石粉。

（3）加砂、舂砂。

① 每次加砂厚度为 50～70 mm,以保证砂型的紧实度。

② 第一次加砂后,一只手按住模型不动,另一只手塞紧模型四周的型砂,使模型固定。

③ 春砂时,先用春砂锤尖头,后用平头。不要春在模型上,靠近模型及箱壁处要稍春紧些。

④ 春砂路线如下图所示。

（4）刮砂。用刮砂板刮去多余的型砂。

（5）翻砂、撒分型砂。翻转下砂箱,用墁刀修光分型面,分型面上均匀地撒上分型砂,用手风箱吹去模型上的分型砂。

（6）造上型。放好上半模、上箱和浇口棒,加砂造上型。用通气针均匀地扎出通气孔。

（7）开浇口杯。轻轻敲击、拔出浇口棒。用压勺挖出浇口杯,并修光浇口面。浇口杯不能过小、过浅,以免金属液体飞溅。

（8）开箱起模。若砂箱无定位销,开箱前用粉笔或划针划合箱线,以防合箱时错位。开箱后,上箱旋转180°放稳。起模前,用毛笔蘸少许水,刷模型四周。起模针插入模型重心位置,用小锤沿前、后、左、右轻敲起模针下部,轻轻、平稳地提起模型。

（9）修型、开内浇道。

五、习题

（一）填空题（每空 2 分,共 42 分）

（1）型砂应当具备的性能是:透气性、_____、_____、_____、_____。

（2）常用的手工砂型铸造方法有:整模造型、_____造型、_____造型、_____造型、_____造型等。

（3）典型的浇注系统是由内浇道、_____、_____、_____等四部分组成的。

（4）模型的尺寸应比零件的尺寸大一个_____和_____,应比铸件的尺寸大一个_____。

（5）拔模斜度的作用是_____、_____。

（6）铸型一般由上砂型 、下砂型、_____、_____、_____、_____、_____等几部分组成。

(二)判断题(正确的打"√",错误的打"×"。每题 2 分,共 8 分)

(1)造型舂砂时,为了提高效率,每层砂都要用平锤打紧后,再加入第二层砂子。(   )

(2)手工砂型铸造时,舂砂紧实度过高,一般会提高砂型强度,同时又可提高砂型的透气性。(   )

(3)冒口是将金属液浇入铸型型腔的通道。(   )

(4)芯骨的作用是为了增加型芯的强度和起到排气的作用。(   )

(三)选择题(将正确答案的选项填入题中的横线处,其中有的为多选题。每题 2 分,共 10 分)

(1)直浇道的作用是_____。

a. 挡渣

b. 引导金属液进入横浇道

c. 控制浇注温度

d. 控制铸件的收缩

(2)现有右图所示的铸件,应采用_____。

a. 整模造型

b. 分模造型

c. 挖砂造型

d. 活块造型

(3)横浇道的作用是_____。

a. 补充合金的收缩

b. 分配金属液入内浇道

c. 挡渣

d. 排除铸型中的气体

(4)下图所示为一个砂箱的几种不同的舂砂路线,其中_____是正确的。

a   b   c   d

(5)造好的砂型,通常要在其型腔表面上涂上一层涂料,其目的是_____。

a. 防止粘砂

b. 增加铸型透气性

c. 增加铸件含碳量

d. 降低铸件表面粗糙度

(四) 问答题(每题 10 分,共 40 分)

(1) 什么是粘砂、缩孔、砂眼、渣眼？它们产生的主要原因是什么？

(2) 造型时为何要舂砂？

(3) 如何确定分型面？

(4) 造型中,开设内浇道时应注意哪些问题？

训练4　锻压工艺

一、锻压的原理、特点及应用

塑性变形,是指当外力增大到使金属的内应力超过该金属的屈服极限以后,外力停止作用,金属的变形也并不消失。在工业生产中,金属材料经过塑性成型后,其内部组织更加紧密、均匀,承受载荷及冲击能力有所提高。因此,凡是承受重载荷及冲击载荷的重要零件,如机床主轴、传动轴、齿轮、曲轴、连杆、起重机吊钩等多以锻件为毛坯。

金属塑性成型方法中,锻造、冲压两种成型方法合称为锻压。锻压主要用于制作各种机器零件的毛坯或成品。锻造是金属热加工成型的一种主要加工方法,通常采用中碳钢和低合金钢为锻造材料。锻造用的原材料一般为圆钢、方钢等型材,大型锻件则用钢坯或钢锭。锻造前要把原材料用剪切、锯切等方法切成所需要的长度,以便锻造。

板料冲压是利用装在冲床上的模具使板料分离或变形,从而获得所需形状和尺寸的毛坯或零件的加工方法,也称冷冲压。板料冲压多以具有足够塑性和较低变形抗力的金属材料(低碳钢和有色金属及合金钢等)薄板为材料,操作简单,工艺过程易实现机械化和自动化,生产效率高,产品成本低。

二、锻工的实训内容及目的

(1) 了解自由锻造、模型锻造及板料冲压的工作原理及工艺流程。

(2) 了解锻压技术、工艺的发展现状及趋势。

三、锻工实训安全操作规程

(1) 进入车间实训时,要穿好工作服,戴好防护用品。袖口要扎紧,衬衫要塞入裤内。不得穿凉鞋、拖鞋、高跟鞋、背心、裙子和戴围巾进入车间。

(2) 严禁在车间内追逐、打闹、喧哗、阅读与实训无关的书刊等。

(3) 应在指定的工位上进行实训。未经允许,其他机床、工具或电器开关等均不得乱动。

(4) 随时检查锤柄是否松动,锤头、砧子及其他工具是否有裂纹或其他损坏现象。

(5) 锻打前必须正确选用夹持工具,钳口必须与锻件毛坯的形状和尺寸相符合,否则在锤击时,因夹持不紧容易造成毛坯飞出。

(6) 手工自由锻时,负责打锤的学生要听从负责掌钳学生或指导老师的指挥,互相配合,以免伤人。

(7) 取出加热的工件时,要注意观察周围人员的情况,避免工件烫伤他人。不可直接用手或脚去接触金属料,以防烫伤。严禁用烧红的工件与他人开玩笑,避免造成人身伤害事故。

（8）切断料头时,在飞出方向不应站人。

（9）清理炉子,取放工件应关闭电源后进行。

（10）当天实训结束后,必须清理工具和设备,打扫卫生。

四、案例

实训项目:齿轮坯的锻造。

实训材料:① 锻件材料,45 钢;② 坯料质量,19.5 kg;③ 坯料尺寸,ϕ120 mm×221 mm。

实训要求:① 锻件质量,18.5 kg;② 每坯锻件数,1。

锻件图:如下图所示。

加工步骤如下表所示:

火次	温度/℃	操作说明	变形过程简图	设备	工具
0	常温	下料加热		反射炉	
1	800~1200	镦粗		750 kg 自由锻锤	普通漏盘
2	800~1200	局部镦粗			
3	800~1200	冲孔		750 kg 自由锻锤	冲头
4	800~1200	扩孔			

续表

火次	温度/℃	操作说明	变形过程简图	设备	工具
5	800～1100	修整	修整	750 kg 自由锻锤	

五、习题

(一) 填空题(每空 2 分,共 28 分)

(1) 始锻温度一般应低于该金属材料的熔点_____～_____。

(2) 锻造前加热的目的是提高_____和降低_____。

(3) 机器自由锻所用的设备通常有_____、_____和_____等,板料冲压所用的设备有_____、_____。

(4) 自由锻造的基本工序有镦粗、拔长、_____、_____、_____、_____、_____等。

(二) 判断题(正确的打"√",错误的打"×"。每题 4 分,共 12 分)

(1) 锻造加热时,时间越长越好。 (   )

(2) 各种金属材料的锻造温度都是一样的。 (   )

(3) 锻造时加热温度越高,产生的氧化皮就越多。 (   )

(三) 选择题(将正确答案的选项填入题中的横线处,其中有的为多选题。每题 4 分,共 12 分)

(1) 坯料加热时始锻温度的确定,主要由_____现象所限。

a. 脱碳

b. 氧化

c. 过热和过烧

(3) 镦粗时,为避免镦弯,应使坯料的原始高度与它的直径之比_____。

a. 大于 2.5

b. 小于 2.5

c. 等于 2.5

(3) 45 钢的锻造温度范围是_____。

a. 800～1200 ℃

b. 700～900 ℃

c. 900～1500 ℃

(四) 简答题(每题 16 分,共 48 分)

(1) 锻造的工艺包括哪些内容? 常用的锻造方法有哪些?

(2) 可锻性的含义是什么? 金属可锻性的高低与什么因素有关?

(3) 什么是始锻温度和终锻温度? 低碳钢和中碳钢的始锻温度和终锻温度各是多少?

训练 5 焊 接 工 艺

一、焊接的原理、特点及应用

焊接是通过加热或加压(或两者并用),在使用(或不用)填充材料,使焊件形成原子间结合,从而实现永久(不可拆卸)连接的一种方法。焊接主要应用于制造金属结构件、制造机器零件和工具,以及工件修复等。与铆接相比,焊接具有节省金属材料、接头密封性好、设计和施工较易、生产率较高、劳动条件较好等优点。

在工业生产中应用的焊接方法种类很多,按焊接过程特点的不同可分为三大类:熔化焊、压力焊、钎焊。其中,最常用的是熔化焊,如电弧焊、气焊等。

二、焊工的实训内容及目的

手工电弧焊操作:首先掌握划擦法和敲击法两种引弧方法,然后进行平焊操作实训。

通过手工电弧焊操作,初步掌握焊条电弧焊的基本操作技能,了解手工电弧焊的原理和特点、所用的设备工具、工艺过程和规范及操作要领。掌握焊条角度、焊接速度、焊接电弧长度以及焊接接头形式。

三、焊工实训安全操作规程

(1) 实训时按规定穿戴好工作服、手套、防护面罩。

(2) 未经实训指导人员许可不准擅自用任何设备,触碰电闸、开关和操作手柄,以免发生安全事故。

(3) 实训中如有异常现象或发生安全事故应立即断开电闸或关闭电源开关,停止实训,保留现场并及时报告实训指导人员,待查明事故原因后方可再行实训。

(4) 焊接过程中禁止调节电流或拉动电闸,以免烧毁焊机。

(5) 严禁将焊钳放在焊件上及工作台上,以免造成短路。

(6) 焊接时,手不能同时接触两个电板,以免发生触电危险。

(7) 焊件应用手钳夹持,不准赤手拿焊件,以免烫伤。

(8) 清除焊渣时,应谨防焊渣飞起伤眼。

(9) 气焊时,要防止气焊火星溅在衣袖上烧着。气焊熄灭时,应先关闭乙炔阀门,后关闭氧气阀门,要防止产生回火。

(10) 焊接实训场地要注意通风换气。

四、案例

实训项目:手工电弧焊操作。

实训材料:两块 4～6 mm 厚且尺寸为 150 mm×400 mm 的钢板,要求沿长边进行对接平焊。

操作步骤如下。

(1)引弧。

引弧时,焊条提起动作要快,否则容易粘在工件上。如发生粘条,可将焊条左右晃动后拉开。若拉不开,则应松开焊钳,切断焊接电路。

引弧的方法有敲击法和划擦法两种。敲击法是将焊条垂直触及工件表面后立即提起。划擦法是像擦火柴一样,将焊条在工件表面划一下即可。划擦法不易粘条,适合初学者使用。

(2)运条。

运条有三个基本动作:向下运动、向前运动、横向摆动,如下图所示。横向摆动动作形式有直线往复摆动、锯齿形摆动、月牙形摆动、三角形摆动和环形摆动。

(3)焊缝收尾。

焊缝收尾方法有以下两种。

① 划圈收尾法。在焊缝结尾处,焊条停止向前移动,同时划圈,直到填满弧坑时,再慢慢提起焊条熄弧。此方法仅适用于厚板焊接,容易烧穿。

② 反复断弧收尾法。当焊条移至焊缝结尾处时,应在较短的时间内,熄灭和点燃电弧数次,直到填满弧坑为止。此法适合于酸性焊条对薄板的焊接。

(4)焊前点固。

为固定两工件的相对位置,焊前需进行定位焊,称为点固,如下图所示。

（5）焊后清理。

用清渣锤、钢丝刷把焊渣和飞溅物等清理干净。

五、习题

（一）填空题（每空 2 分，共 42 分）

（1）焊接常见的缺陷有夹渣、未焊透、_____、_____、_____、_____。

（2）气焊设备装置有氧气瓶、乙炔瓶、_____、_____、_____、_____。

（3）焊接高碳钢和铸件时采用的气焊火焰是_____焰。

（4）手工电弧焊引弧有两种方法，即_____法和_____法。

（5）有一用钢板拼焊而成的工件如下图所示。请填下表说明工件上各接头形式和焊接的空间位置。（注：工件在焊接过程中不能翻转，但工人可以进入箱体内部进行手工电弧焊操作。）

标号	接头形式	焊接位置
A 与 B		
B 与 C		
C 与 E		
D 与 E		
F 与 G		

（二）判断题（正确的打"√"，错误的打"×"。每题 3 分，共 9 分）

（1）在焊接过程中，焊条移动的速度越快越好。　　　　　　　　　　（　　）

（2）焊接电流过小易造成未焊透。　　　　　　　　　　　　　　　　（　　）

（3）焊条的直径越大，选择的焊接电流应越小。　　　　　　　　　　（　　）

（三）选择题（将正确答案的选项填入题中的横线处，其中有的为多选题。每题 3 分，共 9 分）

（1）手工电弧焊引弧可用_____。

a. 开关法

b. 摩擦法

c. 不接触法

（2）手工电弧焊时，焊接电流调节得过大易造成_____。

a. 未焊透

b. 变形

c. 烧穿

（3）在手工电弧焊接中,正常弧的长度应该_____。

a. 小于焊条直径

b. 等于焊条直径

c. 大于焊条直径

(四) 问答题（共 40 分）

（1）怎样选择焊条直径和焊接电流？焊接电流为什么不能过大或过小？（16 分）

（2）简述电焊条的组成部分及其作用。（12 分）

（3）能用氧气切割的材料必须具备哪些特点？（12 分）

第三部分　机械切削加工技术

训练 6　车 削 工 艺

一、车削的原理、特点及应用

在车床上用车刀进行切削加工称为车削加工。车工是机械加工中最基本、最常用的工种。车床可以加工各种零件上的回转表面，应用十分广泛。车床一般约占机床总数的 50%，车削具有刀具简单、加工范围广、切削过程平衡、加工材料广等特点，所以车床在机械制造中占有重要的地位。

车床加工精度可达到 IT6～IT11，表面粗糙度 Ra 值为 $0.8～12.5\ \mu m$。

二、车削的实训内容及目的

(1) 了解普通车床的编号、车床的各组成部分及其作用。

(2) 了解车床的加工范围、车床附件、车刀的种类、车刀的刃磨和车刀的安装。

(3) 掌握车床操作要点，如正确使用车床刻度盘、试切、车削的基本步骤等。

(4) 掌握车端面、钻中心孔、车外圆和台阶、车圆锥面、切槽和切断、滚花等基本车削工艺。

(5) 了解孔加工、车螺纹等车削工艺。

三、车削实训安全操作规程

(1) 操作人员应穿紧身合适的布料防护服，即按本工种规定着装；严禁戴手套；留有长发时要戴防护帽。

(2) 操作者应佩戴防打击的护目镜。

(3) 开动机床前要详细检查机床上危险部件的防护装置是否安全可靠，电机上接地线是否完整有效，发现异常要及时维修，严禁带隐患操作。

(4) 在机床转动时，禁止用手调整机床和测量工件；禁止用手触摸机床的旋转部位；禁止取下安全护板或防护装置。不要用手清除切屑，而应用钩子、刷子或专门工具清除切屑。

(5) 操作时要站在机床侧面，严禁用手摸、扶、按转动工件或隔着转动工件取送物件，不准戴手套操作。

（6）机床运转时,操作者不能离开工作地点。发现机床运转不正常时,应立即停车,请检修工检查。当停止供电时,要立即关闭机床或其他电动机构,并把刀具退出工作部位。

（7）高速切削时,必须戴好防护眼镜,对切削下来的或缠在卡盘工件上的铁屑,要停车后除掉,严禁用手和油刷除屑。

（8）加工完的工件,要放在安全位置,并摆放整齐、平稳,严禁将工件摞得过高或摆放在安全通道以及床头上。

（9）工作结束应关闭机床和电动机,拉下电源开关,把刀具和工件从工作位退出,清理机床、物件、工具和铁屑。

四、案例

训练项目:加工如图所示的小榔头手柄。

实训步骤如下:

（1）车两端面。工件伸出 30 mm,并保证总长度 160 mm,转速 $N=180\sim200$ rad/min。

（2）两端钻中心孔。孔深钻至中心钻头圆锥面 1/2 处,工件伸出长度为 30 mm,转速 $N=400\sim700$ rad/min。

（3）工件伸出长度为 100 mm,用顶尖顶住中心孔并夹紧工件,车削外圆 $\phi15$ mm$\times56$ mm 及 $\phi13$ mm$\times13$ mm,转速 $N=180\sim200$ rad/min,切削深度 $a_p=1$ mm。

（4）用滚花刀滚花,转速 $N=40\sim50$ rad/min,倒角为 C1。

（5）调头夹 $\phi13$ mm 处,同样是先顶后夹紧,刻出长度线 56 mm,车直径 $\phi13$ mm$\times10$ mm 和 $\phi11$ mm$\times65$ mm 两处,转速 $N=230\sim300$ rad/min。

（6）松开卡爪,将工件伸出 30 mm,夹 $\phi11$ mm 处,车削 $\phi10_{-0.3}$ mm$\times16$ mm,倒角 C2。

（7）检查各尺寸合格后,用 M10 板牙套丝。

五、习题

（一）看图填表题（每空 2 分,共 22 分）

今有如下图所示的车床,请按图中编号填写与之相对应的名称及功能(填表)。

序号	名　称	功　能
1		
2		
3		
4		
5		
6		
7		
8		
9		
10		
11		

(二) 填空题(每空 1 分,共 25 分)

(1) 切削用量(车削用量)三要素是_____、_____和_____。它们的单位分别是_____、_____和_____。它们的代表符号分别是_____、_____和_____。

(2) 机床的切削运动有_____运动和_____运动,车削加工时,工件的旋转是_____运动、车刀的纵向(或横向)运动是_____运动。

(3) 标出下图车刀头各部分的名称:

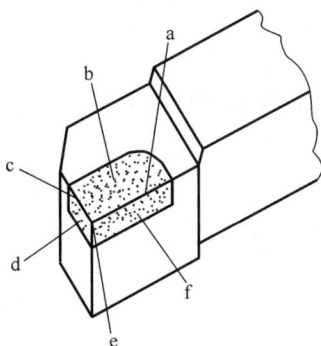

a _____; b _____;
c _____; d _____;
e _____; f _____。

（4）工件在车床上滚花以后,工件直径_____滚花前的直径。（填大于、小于或等于）

（5）C6132E 的含义是:C 表示_____;6 表示_____;1 表示_____;32 表示_____;E 表示_____。

（三）问答题（每题 10 分,共 30 分）

（1）主轴转速是否就是切削速度？ 当主轴转速提高时,刀架移动速度加快,这是否意味着送进量（进给量）的加大？

（2）用中拖板（横溜板）进刀时,如果刻度盘的刻度多转了 4 格,可否直接退回 4 格？ 为什么？ 当如何处理？

（3）在车床切削加工过程中,车床所使用的刀具材料应具备哪些特性？

(四) 计算题(23 分)

设某车床中拖板(横溜板)丝杠螺距为 5 mm,刻度盘为 100 格,如果工件毛坯直径为 ϕ40 mm,欲一次走刀将工件外圆切至直径为 ϕ38 mm,那么中拖板刻度盘应转过几格?

训练7 铣削工艺

一、铣削的原理、特点及应用

在铣床上用铣刀对工件进行切削加工的过程称为铣削。铣削可用来加工平面、台阶、斜面、沟槽、成形表面、齿轮和切断等,还可以进行钻孔和镗孔加工。

铣削加工的尺寸公差等级一般可达 IT7～IT9,表面粗糙度一般为 Ra 值为 $6.3～1.6$ μm。铣刀是旋转使用的多齿刀具。铣削时,每个刀齿是间歇地进行切削,刀刃的散热条件好,可以采用较大的切削用量,是一种生产效率高的加工方法,特别适用于加工平面和沟槽。

铣削的主运动是铣刀的旋转运动,进给运动是工件的移动。

二、铣削的实训内容及目的

实训内容:在立式、卧式铣床上铣削平面、沟槽。

实训目的:通过操作铣床了解铣床的种类、铣刀及其安装步骤,了解铣床主要附件的使用,基本掌握平面、直槽的铣削方法。

三、铣削实训安全操作规程

(1)开机前,要检查铣床各操作手柄是否在正确位置,工件、夹具及刀具是否已夹持牢固,铣刀距离工件或夹具是否在安全距离范围内。

(2)不得戴手套操作机床,不准用手摸正在运动的刀具,停车时不得用手去刹铣床的刀杆。

(3)加工中精力要集中,不得聊天,不得离开机床。

(4)变速、更换铣刀、装卸工件或测量工件时,都必须停车后再进行。

(5)不得把工具、量具放在机床工作台上,精密量具使用时更要注意保养。

(6)多人操作一台机床时,应分工明确,相互配合,开机前,必须注意其他人的站位是否安全。

(7)清理工件周边铁屑时,不能用手拉或用嘴吹铁屑。工件加工完后,应将工件夹持在虎钳上用锉刀锉除毛刺,以免割手。

(8)工作中如机床发出不正常声音或发生事故时,应立即停车,保持现场,同时报告指导教师,由老师来处理。

(9)工作完后,应清扫机床,将各部件调整到正常位置,打扫实训现场卫生。

四、案例

实训项目:在立式铣床上,加工下图所示长方体上的 15 mm 宽的开口直槽。

实训步骤如下：

（1）用百分表校正机用虎钳钳口，安装 φ14 mm 立铣刀。

（2）选择合适垫铁垫于虎钳钳口内，用机用虎钳夹持工件（工件直槽方向与机床纵向一致），轻敲工件上表面以保证工件底面与垫铁完全贴合。

（3）调整铣床工作台使铣刀中心与工件直槽中心线重合。

（4）开机，工作台纵向往右移动，手动对刀，调整切深为 6 mm，缓慢手动纵向从左往右试切约 8 mm 长后，退回 2 mm，启动自动走刀开始铣削，直至开口直槽完全铣穿（刀具转速为 400 rad/min，纵向走刀速度为 24 mm/min）。

（5）停机，测量槽深，计算槽深加工量；开机，上升工作台，调整槽深（留 1 mm 精铣余量）从右往左铣削，方法同步骤（4）。

（6）停机，测量槽的宽度、对称度及深度，计算槽靠内侧的加工余量及深度加工余量。

（7）开机，上升工作台，调整直槽的深度，工作台横向往外移动，调整直槽的宽度，启动纵向自动走刀从左往右铣削，直至铣穿（刀具转速为 560 rad/min，纵向走刀速度为 17 mm/min）。

（8）停机，测量槽宽，计算直槽外侧加工量；开机，工作台横向往里移动调整槽宽切削量，启动纵向自动走刀，从右往左铣削，方法同步骤（7）。

（9）停机，测量，用平锉去除毛刺，打扫机床。

五、习题

（一）填空题（每空 2 分，共 36 分）

（1）你在实训中使用过的卧式铣床型号是_____，立式铣床型号是_____。

（2）注意观察铣刀的形状和用途，并回答：

a. 铣平面时，常用的铣刀有_____、_____、_____和_____。

b. 铣直槽时，常用的铣刀有_____、_____和_____。

c. 铣角度槽时，常用的铣刀有_____和_____。

d. 齿轮加工的刀具有_____和_____。

（3）卧式万能铣床的主运动是_____，进给运动是_____。铣削加工一般可达

_____精度,表面粗糙度 Ra 值不高于_____。

（4）立式铣床与卧式铣床的主要区别在于：_____。

（二）看图填表题（"名称"栏每空 1 分、"作用"栏每空 3 分，共 32 分）
请标出下图中卧式铣床各部分的名称及作用。

序号	名　称	作　用
1		
2		
3		
4		
5		
6		
7		
8		

（三）判断题（正确的打"√"，错误的打"×"。每题 2 分，共 8 分）

（1）调整铣床主轴转速时可不必停机，直接变速。　　　　　（　　）

（2）用铣刀周边刀齿进行切削称为周铣发。　　　　　　　　（　　）

（3）万能分度头的传动比 $i=1/40$。　　　　　　　　　　　（　　）

（4）齿轮只能在滚齿机上加工。　　　　　　　　　　　　　（　　）

(四) 问答题(每题 12 分,共 24 分)

(1) 铣削加工时为什么一定要用逆铣?

(2) 铣削加工时为什么一定要开机对刀?

训练 8　刨 削 工 艺

一、刨削的原理、特点及应用

在刨床上用刨刀对工件进行切削加工称为刨削加工。刨削加工的尺寸公差等级可达 IT8～IT9,表面粗糙度 Ra 值可达 3.2～1.6 μm。

刨削一般只用单刃刀具进行切削,返回时为空程,切削速度又较低,因此生产率较低。刨削由于刀具简单、生产准备容易、加工调整灵活,因此在单件小批生产及修配工件中,应用较为广泛。

刨床的主要加工范围包括平面、垂直面、斜面、直槽、内孔表面、复合表面等。

牛头刨床是使用最为广泛的刨床,其主运动是滑枕的直线往复运动,进给运动是工作台的横向移动。

二、刨削的实训内容及目的

实训内容:在牛头刨床上刨削平面(即长方体)。

实训目的:通过操作刨床了解牛头刨床的结构、刨刀及其安装,了解机用平口钳的正确使用方法,基本掌握平面及相邻面的刨削方法。

三、刨削实训安全操作规程

(1) 机床开动前检查机床各手柄是否处在正常位置。

(2) 开空车检查行程长度位置是否合适,严禁在开车时调整行程。滑枕前后不许站人。

(3) 调整行程时要用手摇动经过全行程,刀具不得接触工件,调整结束时手柄必须立即取下。

(4) 刨削前必须夹紧工件,必要时应使用虎钳扳手加力杆。

(5) 刀具不得伸出过长,刨刀一定要装牢。

(6) 工作台上不准摆放工具或其他杂物。

(7) 刨削时,头、手不要伸到刀架前进行检查。

(8) 不得用棉纱擦拭工件和机床的转动部位,机床不停稳不得测量工件。

(9) 禁止面对切削方向站立或测量工件,以防切屑飞出及被滑枕撞伤。

(10) 加工完毕用毛刷清扫铁屑,并清理实训场地,收好工具,将零件摆放整齐。

四、案例

实训项目:在牛头刨床上加工如下图所示的长条体工件。

实训步骤如下：

（1）用平口钳装夹工件，选用合适垫铁，使工件高出钳口 3～5 mm。装夹时用小锤向下轻击工件，使工件下表面与垫铁表面完全贴合。

（2）用平面刨刀粗刨工件上平面，留 0.1 mm 精刨，精刨好后拆下工件。

（3）将精刨好的平面靠贴在到平口钳的固定面上，选择合适的垫铁夹紧工件。同刨削上平面一样刨削好该平面。

（4）同步骤（3）一样刨削好其余两平面，注意保证尺寸 18 mm。

五、习题

（一）填空题（每空 2 分，共 56 分）

（1）填写 B6066 牛头刨床型号的含义：

① B 表示_____；

② 60 表示_____；

③ 66 表示_____。

（2）填写右图引线所指的各部分的名称：

a. _____；

b. _____；

c. _____；

d. _____；

e. _____；

f. _____；

g. _____；

h. _____；

i. _____。

牛头刨床示意图

(3) 牛头刨床的主运动是_____,横向进给运动是_____,垂直进给运动是_____。

(4) 牛头刨床是由_____机构把电动机的旋转运动变为滑枕的_____运动。牛头刨床工作台的间歇进给运动,是由_____机构实现的,进给量的大小通过调整_____的位置来改变,进给方向靠改变_____的方位来实现。

(5) 牛头刨床的退刀行程比切削行程速度快,是通过_____机构来控制的,其目的是为了_____。

(6) 在牛头刨床上能加工的表面有平面、垂直面、_____、_____、_____、_____、_____和_____。

(二)判断题(正确的打"√",错误的打"×"。每题 2 分,共 8 分)

(1) 刨床的主运动为直线往复运动,工作行程速度快,回程速度慢。   (   )

(2) 刨削加工精度一般在 IT8~IT10 级。   (   )

(3) 牛头刨床的滑枕行程位置、行程长度可以任意调整。   (   )

(4) 在刨削加工进行中,可以随时调整刨削速度。   (   )

(三)问答题(每题 18 分,共 36 分)

(1) 牛头刨床刨削工件前,机床应做哪些方面的调整? 应如何调整?

(2) 刨床有哪几个种类? 刨削加工的特点有哪些?

训练 9 磨削工艺

一、磨削的原理、特点及应用

磨削加工是指利用砂轮作为切削工具，对工件的表面进行加工的过程。磨削是零件精密加工的主要方法之一，磨削加工的精度可达到 IT5～IT7，表面粗糙度值 Ra 为 $0.2～0.8~\mu m$，精磨后还可获得更小的表面粗糙度值，并可对淬火钢、硬质合金等普通金属刀具难于加工的高硬度材料进行加工。

磨削加工时，砂轮高速旋转是磨床的主运动，工作台的横向往复运动是磨床的进给运动。由于砂轮高速旋转，切削速度很高，会产生大量的切削热，因此磨削时需要使用大量的切削液来冷却、冲洗被加工部位。

磨削加工的用途很多，利用不同类型的磨床可以分别对外圆、内孔、平面、沟槽成形面（齿形、螺纹等）和各种刀具进行磨削加工。

二、磨削的实训内容及目的

实训内容：在平面磨床上磨削平面，观摩外圆磨床磨削轴类零件。

实训目的：通过操作磨床了解平面磨床的结构、砂轮的组成及其安装，了解电磁铁工作台的正确使用方法，基本掌握平面的磨削方法。

三、磨削实训安全操作规程

（1）检查机床各部是否正常，检查砂轮是否残缺或有裂纹，检查各手柄是否在正常位置。

（2）开机前，观察砂轮和工件之间是否有一定安全距离，弄清砂轮进退手柄的旋转方向。

（3）工作时，操作者不能正对砂轮旋转方向站立，应站在右侧面。

（4）磨削时不能进刀过大，要缓慢进给，以免损坏砂轮而发生事故。

（5）机床工作时不准调整机床、度量尺寸或用手触摸工件或砂轮。

（6）磨床冷却液若因故停止应立即停止磨削，不得在无冷却液时强行磨削工件。

（7）装卸工件、擦拭工作台时，必须将砂轮离开工件并关闭砂轮，等砂轮完全停止后才能进行。

（8）实训结束后，应清扫机床上的切屑，擦净机床，断开机床电源开关；清理场地，收好工量具。

四、案例

实训项目：在平面磨床磨削下图所示的平板。

实训步骤如下：

（1）去除基面毛刺,擦净磁性吸盘表面和工件基面。

（2）将工件基面朝下吸附于磁性吸盘中间。

（3）调整砂轮与工件的相对位置,调整工作台行程,以保证砂轮行程均超越工件的长度和宽度,并且超越的行程要合适。

（4）启动砂轮,启动油泵,手动控制砂轮架垂直向下慢慢移动,直至砂轮与工件轻轻接触。

（5）当砂轮退出到工件以外时,应迅速手动控制砂轮架向下移动进刀,粗磨时每次进刀控制在 0.02 mm 以下,工作台往复移动速度保持在 12 m/min,砂轮架横向移动速度为每次移动 2 mm。

（6）加工完毕后,测量工件尺寸、消磁、打扫机床。

五、习题

（一）填空题（每空 2 分,共 64 分）

（1）砂轮由_____、_____和_____组成。

（2）磨床工作台的自动纵向进给是_____传动,其优点是_____、_____、_____、_____。

（3）砂轮硬度是指_____。磨削较硬的材料应选用_____砂轮,磨削较软的材料应选用_____砂轮。

（4）砂轮在安装前需经过_____和_____,其目的是_____。

（5）磨削外圆时工件做_____运动及_____运动,砂轮做_____运动及＿＿＿＿＿＿＿＿运动。

（6）磨削加工的范围是＿＿＿＿、＿＿＿＿、＿＿＿＿、＿＿＿＿、＿＿＿＿、＿＿＿＿。

（7）平面磨削分为＿＿＿＿和＿＿＿＿两种方法。

（8）磨外圆锥面与外圆面的操作基本＿＿＿＿，只是＿＿＿＿和＿＿＿＿的相对位置不一样，工件的轴线与砂轮轴线＿＿＿＿，可通过转动＿＿＿＿或＿＿＿＿形成。

（二）判断题（正确的打"√"，错误的打"×"。每题 2 分，共 12 分）

（1）外圆磨削时，为了减少安装误差，在磨床上使用的顶尖都是活动顶尖。　（　）

（2）磨削硬材料时应选用硬砂轮。　（　）

（3）磨削的实质是一种多刀多刃的超高速切削过程。　（　）

（4）用金属刀具很难甚至不能加工的金属工件可以用磨削的方法进行切削加工。

（　）

（5）磨床工作台的纵向进给及砂轮的横向进给均为液压传动，因而是无级调速。（　）

（6）粗磨时选用颗粒较大的砂轮，精磨时选用颗粒较细的砂轮。　（　）

（三）问答题（每题 12 分，共 24 分）

（1）磨削加工有哪些特点？为什么会有这些特点？

（2）平面磨床常用磨削方法有哪几种？各自的特点是什么？

训练 10　钳 工 工 艺

一、钳工的原理特点及应用

钳工是手持工具对工件进行加工的方法。钳工基本操作包括划线、錾削、锯削、锉削、钻孔、攻丝、套扣、刮削、研磨、装配和修理等。钳工常用设备有钳工工作台、台虎钳、台钻等。

钳工是目前机械制造和修理工作中不可缺少的重要工种,其主要特点是:

(1) 工具简单,成本低;

(2) 加工灵活,方便,能够加工形状复杂、质量要求较高的零件;

(3) 劳动强度大,生产率低,对工人技术水平要求高。

即使现在各种先进机床不断出现,在机械制造过程中,钳工加工仍然是不可缺少的。

钳工的种类繁多,应用范围很广,钳工有明显的专业分工,如普通钳工、划线钳工、模具钳工、装配钳工、修理钳工等。

钳工的应用范围主要包括:

(1) 在单件小批生产中加工前的准备工作,如毛坯表面的清理、工件上的划线等;

(2) 零件装配成机器之前进行的钻孔、铰孔、攻丝和套扣等工作,装配时互相配合零件的修整,整台机器的组装、试车和调整等;

(3) 精密零件的加工,如锉制样板、刮削机器和某些量具的配合表面,以及夹具、模具的精加工等;

(4) 机器设备的维修等。

二、钳工的实训内容及目的

实训内容:制作一个小锤头,拆装齿轮泵。

实训目的:通过锯、锉、划线、钻孔、攻丝制作小锤头,熟悉钳工的主要加工方法和应用,掌握钳工常用工具、量具的使用方法。了解简单产品装配的基本操作。

三、钳工实训安全操作规程

(1) 工件必须牢固地夹在合虎钳上,夹小型工件时,应当心手指被夹伤。

(2) 不可使用没有手柄的或手柄已松动的锉刀,如遇锉刀柄松动时必须加以撞紧。

(3) 使用手锤前,要检查锤头与手柄的配合是否牢固;挥动手锤时,必须正确选择挥动方向,以免锤头脱出伤人。

(4) 禁止用一种工具代替其他工具使用,如用扳手代替手锤,用钢尺代替螺丝刀,用管子接长扳手柄等,因为这样会损坏工具或发生伤害事故。

（5）操作台钻时不得用手接触主轴和钻头,不得用手直接扶持工件钻孔,禁止用手直接清理钻屑。

（6）实训结束后,应对工具进行清点并擦拭干净,将所有工具放入指定位置,清理工作台,打扫实训场地。

四、案例

实训项目:制作下图所示的小锤。

制图		小 锤	45#
校核			

实训步骤如下:

（1）用钢尺、划针在工件正中划一条切断线。

（2）将工件水平装夹在台虎钳右侧,正中划线处要露出右侧钳口 25 mm 左右。

（3）用手锯在划线处锯断工件,并从台虎钳上卸下工件。

（4）划出小锤斜面轮廓线。

（5）将小锤斜向夹持在台虎钳上,利用角尺校正小锤斜面线,使斜线垂直于钳口并夹紧工件。

（6）小心锯出斜面。

（7）将小锤最大面朝上,水平装夹小锤。

（8）用平面锉刀,先用推锉法粗锉平面,再用顺向锉法和推锉法精锉平面。

（9）用透光法检验工件的平面度。

（10）用同样方法锉平小锤各面。

（11）用平锉按要求锉出锤头部分各处倒角。

（12）用划线工具划出小锤 M10 孔的轮廓及圆心。

（13）将小锤水平装夹在台钻的平口钳上。

（14）在台钻上钻出 $\phi8.5$ mm 通孔。

（15）将钻好孔的工件水平装夹在台虎钳上，用 M10 丝锥攻丝，注意先用头攻丝锥攻穿全孔，再用二攻丝锥攻一遍。

（16）最后用细齿锉对小锤各面进行抛光。

（17）清扫钳台及实训现场。

五、习题

(一) 填空题（每空 2 分，共 48 分）

（1）划线工具有 _____、_____、_____、_____、_____、_____、_____、样冲等。

（2）锯条按齿距大小分 _____、_____、_____三种。

（3）锉削时人站立的位置应与虎钳成 _____ 度，_____ 脚在前，_____ 脚在后，身体略微前倾 _____ 度。

（4）若要锉削下列工件上有阴影的表面时，应使用何种锉刀？（在各图下面空格处填出）

（5）攻丝是用 _____ 加工 _____ 的操作，套扣是用 _____ 加工 _____ 的操作。

(二) 选择题（每题 2 分，共 10 分）

（1）手工起锯的适宜角度约为 _____。

a. 0°   b. 15°   c. 30°   d. 45°

（2）锯条安装时松紧要适当，太紧时锯条容易_____，太松时锯条容易扭曲，也可能折断，而且锯出的锯缝易发生_____。

  a. 磨损   b. 崩齿   c. 折断   d. 歪斜

（3）锯割薄壁管子和薄材料时应选用_____锯条，其原因主要是保证锯条有三个牙齿以上接触工件，这样才能使锯条不易_____。

  a. 粗齿   b. 细齿   c. 折断   d. 崩齿

（4）锉削时的速度一般为每分钟 30～60 次，速度太快容易疲劳和_____。

  a. 工件表面锉不平 b. 加快锉齿的磨损 c. 齿间易嵌入切屑

（5）锉刀的种类很多，按齿纹分有_____和_____两种。按锉刀齿纹的齿距大小一般可分为粗锉刀、中锉刀和细锉刀。普通锉刀按其_____的不同又分为平锉、方锉、半圆锉、圆锉、三角锉五种。

  a. 长短   b. 断面形状   c. 单齿纹   d. 双齿纹

  e. 锉外表面及内表面

（三）工艺题（共 42 分）

  对下图所示涡轮箱，要求进行加工前的划线。说明如何选择划线基准，并按下表填写划线步骤。

（1）如何选择划线基准。（10分）

（2）填写涡轮箱划线步骤。（32分）

序号	操作内容	划线简图	工量具
1			
2			
3			
4			

第四部分　先进机械加工技术

训练 11　数控车削

一、数控车削的原理、特点及应用

数控车床又称为 CNC 车床,即计算机数字控制车床,是国内使用量最大,覆盖面最广的一种数控机床,约占数控机床总数的 25%。数控机床是集机械、电气、液压、气动、微电子和信息等多项技术于一体的机电一体化产品,是机械制造设备中具有高精度、高效率、高自动化和高柔性化等优点的工业母机。数控车床是数控机床的主要品种之一,它在数控机床中占有非常重要的位置,几十年来一直受到世界各国的普遍重视并得到了迅速的发展。

数控车床主要用于轴类零件或盘类零件的内外圆柱面、任意锥角的内外圆锥面、复杂回转内外曲面和圆柱、圆锥螺纹等切削加工,并能进行切槽、钻孔、扩孔、铰孔及镗孔等。由于在实际生产中使用数控车床加工复杂形状的零件,不仅提高了劳动生产率和加工质量,而且缩短了生产准备周期和降低了对工人技术熟练程度的要求,因此它成为单件、小批量生产中实现技术革新和技术革命的一个重要的发展方向。

二、数控车削的实训内容及目的

(1) 了解数控车床的结构特点。
(2) 熟悉数控车床的操作面板。
(3) 掌握简单回旋体零件的数控编程。
(4) 能够独立完成简单回转体零件的数控车削加工过程。

三、数控车削实训安全操作规程

(1) 严禁穿拖鞋、凉鞋、软底鞋进入实训现场,以防止被切屑划伤。
(2) 应正确地穿着符合安全要求的服装进入现场。注意袖口、衣服下摆的安全性,以防被卷入机器。
(3) 长发的学生必须将头发戴入符合安全要求的帽子内,以防头发被卷入机器。
(4) 在切削加工操作时应戴防护眼镜,以防切屑伤眼。

（5）在现场严禁戴耳机或挂耳机，在操作时或在运转的设备附近严禁聊天或使用手机，以保持安全警觉，以保证对意外事故能及时做出正确反应。

（6）不得戴手套操作机床；开机前，要检查工件、夹具及刀具是否已夹持牢固，车刀距离工件或夹具是否在安全范围内；严禁在未取下卡盘扳手前启动车床，以防扳手飞出伤人。

（7）不得把工具、量具放在机床工作台上，精密量具使用时更要注意保养。

（8）更换车刀、装卸或测量工件时，都必须停车并按下"急停"按钮后再进行。

（9）启动程序前要进行手动验核并关闭安全窗，加工过程中不许打开窗门。

（10）操作出现意外时，应及时关断故障设备。

（11）不得打开配电柜门触动其中的开关及线路，以防触电；禁止学生触动非允许使用的设备按钮、手柄、工装，以防出现安全事故。

（12）多人操作一台机床时，应分工明确，相互配合，开机前，必须注意其他人的站位是否安全。

（13）清理工件周边切削屑时，不能用手拉或用嘴吹铁屑。工件加工完后，应将工件夹持在虎钳上用锉刀锉除毛刺，以免割手。

（14）工作中如机床发出不正常声音或发生事故时，应立即停车，保持现场，同时报告指导教师，由老师来处理。

（15）工作完后，应清扫机床，将各部件调整到正常位置，打扫实训现场卫生。

四、案例

实训项目：回旋体零件的车削加工。

设备工具：数控车床、$\phi 32$ mm实心棒料、游标卡尺、直尺、外圆刀、切断刀、扳手。

实训步骤如下：

（1）设计零件（尺寸不超过 $\phi 32$ mm×70 mm），绘制加工图纸，并根据图纸完成手动编程。

（2）按下电源键，启动机床，回参考点。

（3）确认按下"急停"按钮，使用扳手旋开卡爪，将棒料放入卡盘中间调整至合适长度后旋紧。

（4）旋开"急停"按钮，试切对刀。

（5）关闭防护门，在控制面板中输入程序后进行校验。

（6）校验无误，启动加工。

（7）加工完毕，按下"急停"按钮，打开防护门，取出工件。

（8）关闭机床电源，清理机床，整理工具。

五、习题

（一）填空题（每空 2 分，共 20 分）

（1）数控机床主要由编制加工程序、输入装置、_____、_____、_____、测量反馈装置及机床本体等组成。

（2）数控车床按伺服系统的控制方式不同，可分为_____、_____和_____等三种类型。

（3）数控机床标准坐标系采用笛卡尔直角坐标系，规定空间直角坐标系 X、Y、Z 三者的关系及其方向关系用_____判断。

（4）直线插补指令 G01 的特点是刀具以_____的方式由某坐标点移到另一坐标点，由指令 F 设定_____。

（5）数控车床一般为两轴坐标系，主轴轴线方向为_____。

（二）判断题（正确的打"√"，错误的打"×"。每题 2 分，共 12 分）

（1）数控装置接到执行的指令信号后，即可直接驱动伺服电机进行工作。　　（　）

（2）闭环控制的优点是精度高、速度快，适用于大型或高精度的数控机床。　（　）

（3）G 代码可分为模态 G 代码和非模态 G 代码。　　　　　　　　　　　（　）

（4）G00 代码的功能为直线插补。　　　　　　　　　　　　　　　　　　（　）

（5）M03 为主轴反转指令，M04 为主轴正转指令。　　　　　　　　　　　（　）

（6）数控车床刀具远离工件的方向为负方向，刀具趋近工件的方向为正方向。（　）

（三）简答题（共 48 分）

（1）数控车床与普通车床有什么区别？（15 分）

（2）什么是脉冲当量，其单位是什么？（12 分）

（3）数控车床的结构特点是什么？（21 分）

(四) 编程题（20 分）

采用数控车床编程，加工如右图所示的零件。

材料：ϕ30 塑料棒。

刀具：1♯ 外圆刀；

　　　2♯ 切断刀，刀宽 3 mm。

要求：(1) 在图中标出工件坐标系；

　　　(2) 编写程序。

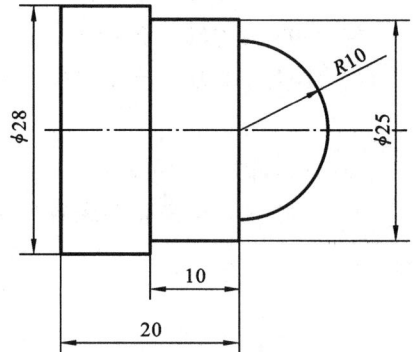

训练 12 数控铣削

一、数控铣削的原理、特点及应用

铣削加工是机械加工中最常用的加工方法之一,它主要包括平面铣削和轮廓铣削,也可进行钻、扩、铰、镗加工及螺纹加工等。

数控铣床能铣削平面、沟槽和曲面,还能加工复杂的型腔和凸台,数控铣削加工包括平面的铣削加工、二维轮廓的铣削加工、平面型腔的铣削加工、钻孔加工、镗孔加工、攻螺纹加工、箱体类零件加工及三维复杂型面的铣削加工。数控铣削加工的工艺设计是在普通铣削加工工艺的基础上,结合数控铣床的特点,充分发挥其优势。

二、数控铣削的实训内容及目的

（1）了解数控铣床的结构特点。

（2）熟悉数控铣床的操作。

（3）掌握二维轮廓的数控铣削编程。

（4）能够独立完成简单零件的数控铣削加工过程。

三、数控铣削的安全操作规程

（1）严禁穿拖鞋、凉鞋、软底鞋进入实训现场,以防止被切屑划伤。

（2）应正确地穿着符合安全要求的服装进入现场。注意袖口、衣服下摆的安全性,以防被卷入机器。

（3）长发的学生必须将头发戴入符合安全要求的帽子内,以防头发被卷入机器。

（4）在切削加工操作时应戴防护眼镜,以防切屑伤眼。

（5）在现场严禁戴耳机或挂耳机,在操作时或在运转的设备附近严禁聊天或使用手机,以保持安全警觉,以保证对意外事故能及时做出正确反应。

（6）不得戴手套操作铣床;开机前,要检查工件、夹具及刀具是否已夹持牢固,铣刀距离工件或夹具是否在安全范围内。

（7）不得把工具、量具放在铣床工作台上,精密量具使用时更要注意保养。

（8）装卸或测量工件时,都必须停机并按下"急停"按钮后再进行。

（9）启动程序前要进行手动验核并关闭安全窗,加工过程中不许打开窗门。

（10）操作出现意外时,应及时关断故障设备。

（11）不得打开配电柜门触动其中的开关及线路,以防触电;禁止学生触动非允许使用的设备按钮、手柄、工装,以防出现安全事故。

（12）多人操作一台铣床时，应分工明确，相互配合，开机前，必须注意其他人的站位是否安全。

（13）清理工件周边切削屑时，不能用手拉或用嘴吹铁屑。工件加工完后，应将工件夹持在虎钳上用锉刀锉除毛刺，以免割手。

（14）工作中如铣床发出不正常声音或发生事故时，应立即停车，保持现场，同时报告指导教师，由老师来处理。

（15）工作完后，应清扫铣床，将各部件调整到正常位置，打扫实训现场卫生。

四、案例

实训项目：二维轮廓的铣削加工。

设备工具：数控铣床、200 mm×150 mm×20 mm 铝板、游标卡尺、直尺、ϕ10 mm 铣刀

实训步骤如下：

（1）设计零件（尺寸设计时要考虑刀口宽度），绘制电子版加工图纸并使用 CAXA 制造工程师软件完成自动编程。

（2）按下电源键，启动铣床，回参考点。

（3）确认按下"急停"按钮，选择合适高度的垫铁，铝板平放在垫铁上后夹紧。

（4）旋开"急停"按钮，试切对刀。

（5）关闭防护门，输入程序。

（6）校验无误，启动加工。

（7）加工完毕，按下"急停"按钮，打开防护门，取出工件。

（8）关闭铣床电源，清理铣床、整理工具。

五、习题

（一）填空题（每空 2 分，共 20 分）

（1）数控铣床按运动轨迹分类的三种数控系统是_____、_____和_____。

（2）数控加工中心本身的结构分两大部分：一是_____，二是_____。

（3）数控铣床与数控加工中心的主要区别是设置有_____和_____。

（4）按伺服系统控制方式不同，数控铣床可分为_____、_____和全闭环控制系统等三种类型。

（5）数控铣床默认的加工平面是_____。

（二）判断题（正确的打"√"，错误的打"×"。每题 2 分，共 10 分）

（1）数控铣床在自动加工过程中，进给倍率归零后，铣床处在暂停状态。　　（　　）

（2）数控铣床的主轴调速技术一般采用的是 PLC 技术。　　（　　）

(3) 数控铣床编程研究的是工作台的运动轨迹。 （　　）

(4) 多品种小批量加工和单件加工选用数控设备最合适。 （　　）

(5) 数控铣床能铣削平面、沟槽和曲面,还能加工型腔和凸台。 （　　）

(四) 简答题(共 70 分)

(1) 简述数控铣床的基本组成。（20 分）

(2) 简述数控加工中心的结构特点。（18 分）

(3) 数控机床送电后,为什么要首先做一次手动参考点复归？（12 分）

(4) 简述数控技术的发展趋势。（20 分）

训练 13　数控电火花线切割

一、数控电火花线切割的原理、特点及应用

线切割机床（Wire cut Electrical Discharge Machining，简称 WEDM），属电加工范畴，其原理是自由正离子和电子在场中积累形成一个被电离的导电通道，两板间形成电流，导致粒子间发生无数次碰撞形成等离子区，并很快升高到 8000～12000 ℃ 的高温，在两导体表面瞬间熔化一些材料。同时，由于电极和电解液的汽化形成气泡，并且它的压力有规律地上升直到非常高，然后电流中断，温度突然降低，引起气泡内向爆炸，产生的动力把熔化的物质抛出弹坑，最后被腐蚀的材料在电解液中重新凝结成小的球体，并被电解液排走。通过 NC 控制的监测和管控，伺服机构执行，使这种放电现象均匀一致，从而达到加工物被加工，使之成为合乎要求的尺寸大小及形状精度的产品。

电火花线切割机按走丝速度可分为高速往复走丝电火花线切割机（俗称"快走丝"）、低速单向走丝电火花线切割机（俗称"慢走丝"）和立式自旋转电火花线切割机三类，又可按工作台形式分成单立柱十字工作台型和双立柱型（俗称"龙门型"）。

二、数控电火花线切割的实训内容及目的

（1）熟悉电火花线切割机床加工的原理、结构及其使用规则与操作步骤。

（2）了解 3B 程序编写方法。

（3）了解基于 HL 系统的绘图编程及应用、复杂曲线的建模及 DXF 文件输出方法。

（4）掌握基于 CAXA 线切割的轨迹仿真及程序生成方法。

（5）了解电火花线切割表面质量控制及断丝原因的分析方法。

三、数控电火花线切割实训安全操作规程

（1）按要求着装规范，遵守工程实训纪律。

（2）开机前，按设备润滑图表注油，手摇纵向、横向移动工作台，检查走动是否轻快，转动运丝机构，检查是否灵活。

（3）工作前，应根据工件的材料、厚度，选择适当的加工电流及功率管数量。

（4）输入编辑后的程序，加工前先模拟运行加工程序，检查程序正确无误后再正式加工。

（5）启动冷却泵、运丝电机，输入程序，空转 5 min 后方可加工。

（6）在钼丝运转情况下，才可开高频电源（60～80 V），停机时，先关高频电源。

（7）钼丝接触工件时，应开冷却液，不许在无冷却液的情况下加工。

（8）发生故障时，应立即关高频电源。

（9）严禁用手接触电极丝，不准用湿手接触开关及电器。

（10）停机前，程序复位，关闭冷却泵、运丝电机；关闭机床电控总开关，关闭电控柜空气开关。

四、案例

实训项目：基于 CAXA 线切割软件加工下图所示的五角星。

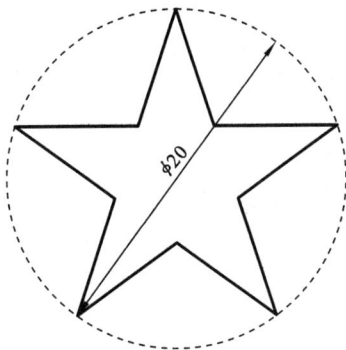

实训步骤如下：

（1）在 CAXA 线切割软件中绘制如上图所示的五角星图形。

（2）根据所绘五角星生成线切割轨迹。

（3）根据轨迹生成 3B 代码。

（4）将代码导入线切割机床。

（5）按照线切割机床操作步骤完成五角星的加工。

五、习题

（一）填空题（每空 5 分，共 25 分）

（1）电火花线切割加工时，在电极丝和工件之间进行_____放电。

（2）电火花线切割机床按走丝速度可分为_____走丝、_____走丝。

（3）电火花线切割编程的方法分为_____编程、_____编程。

（二）判断题（正确的打"√"，错误的打"×"。每题 5 分，共 15 分）

（1）线切割机床由控制系统和机床本体组成。　　　　　　　　　　　　（　　）

（2）电火花线切割可以加工一定锥度的通孔。　　　　　　　　　　　　（　　）

（3）线切割机床的控制系统包括运丝机构、坐标工作台和工作液循环系统等。（　　）

（三）选择题（每题 5 分，共 15 分）

（1）电火花线切割时电极丝接脉冲电源的_____，工件接脉冲电源的_____。

a. 正极　负极

b. 负极　正极

（2）要使电火花加工顺利进行，必须保证每来一个电脉冲时在电极丝和工件之间产生的是_____。

a. 火花放电

b. 电弧放电

（3）中走丝线切割机床是在_____的基础上加以改进形成的一种新型线切割机床。

a. 慢走丝

b. 快走丝

（四）简答题（共 45 分）

（1）试述线切割机床的分类。（20 分）

（2）简述线切割机床的工艺特点和应用范围。（25 分）

训练 14　快速成型：3D 打印技术

一、3D 打印技术的原理、特点及应用

快速成型(Rapid Prototyping)是 20 世纪 80 年代末及 90 年代初发展起来的新兴制造技术，它集成了 CAD 技术、数控技术、激光技术和材料技术等现代科技成果，是先进制造技术的重要组成部分。由于它是把复杂的三维制造转化为一系列二维制造的叠加技术，因而可以在不用模具和工具，只需在修改 CAD 模型的条件下生成任意复杂的零部件，极大地提高了生产效率和制造柔性。

与传统制造方法不同，快速成型从零件的 CAD 几何模型出发，通过软件分层离散和数控成型系统，用激光束或其他方法将材料堆积而形成实体零件。通过与数控加工、铸造、金属冷喷涂、硅胶模等制造手段相结合，已成为现代模型、模具和零件制造的强有力手段，在航空航天、汽车、家电等领域得到了广泛应用。

3D 打印技术是快速成型技术中最具代表性、应用最广泛的分支。随着技术发展，3D 打印凭借设备小型化、操作便捷化、成本低等优势，逐渐从工业领域扩展到消费、教育等场景，成为大众对"快速成型"技术的通俗认知。

二、3D 打印的实训内容及目的

(1) 了解桌面 3D 打印机(FDM)的结构特点。
(2) 熟悉桌面 3D 打印机(FDM)的操作。
(3) 学会使用 CAXA 软件建立简单的三维模型。
(4) 能够独立完成三维模型的打印。

三、3D 打印实训安全操作规程

(1) 应正确地穿着符合安全要求的服装进入现场。
(2) 在现场严禁戴耳机或挂耳机，在操作时严禁聊天或使用手机。
(3) 正确使用铲刀及尖嘴钳等工具，避免划伤。
(4) 打印过程中喷嘴温度较高，禁止直接用手触碰，避免烫伤。
(5) 不得打开配电柜门触动其中的开关及线路，以防触电。
(6) 教室内禁止学生随意走动、嬉戏，以防出现安全事故。
(7) 严格按照现场安全操作规程完成准备、操作、清理等工作。

四、案例

实训项目：三维模型的打印。按下图所示的模型完成 3D 打印。

设备工具：桌面 3D 打印机(FDM)、丝状耗材、尖嘴钳、铲刀、手套、CAXA 软件。

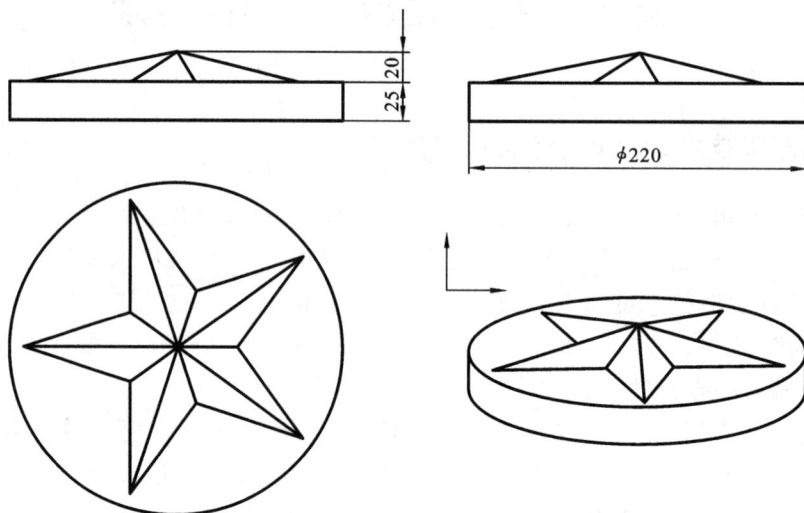

操作步骤如下：

(1) 使用 CAXA 软件建立如图所示的模型,保存格式为 stl。

(2) 确定打印机上有打印板,且已夹稳。

(3) 打开打印机电源。

(4) 双击打开打印软件。

(5) 软件初始化,预热喷嘴,调平打印平台,输入喷嘴高度。

(6) 导入模型,设置打印参数。

(7) 开始打印,可通过打印机上方观察打印过程,若打印高度不对,可中断打印,调整喷嘴高度后继续打印。

(8) 打印结束,关闭打印机电源,整理工作台。

五、习题

(一) 填空题(每空 2 分,共 20 分)

(1) 快速成型技术集成了_____、_____、_____和_____等现代科技成果,是先进制造技术的重要组成部分。

(2) 当前 3D 打印机有_____和_____两种类型,其主要区别是成型技术。

(3) SLS 是通过控制激光束对金属粉末薄层逐点地进行_____和_____,使其固化成截面形状。

(4) FDM 工艺可选择的材料包括_____、_____以及二者的混合材料等。

(二) 判断题(正确的打"√",错误的打"×"。每题 2 分,共 10 分)

(1) 快速成型技术只能用于制造形状较为简单的零部件。 ( )

（2）快速成型技术已成为现代模型、模具和零件制造的强有力手段,在航空航天、汽车、家电等领域得到了广泛应用。　　　　　　　　　　　　　　　　（　　）

（3）通过材料添加来制造原型的加工方式是快速成型技术区别于传统的机械加工方式的显著特征。　　　　　　　　　　　　　　　　　　　　　　　（　　）

（4）所有的快速成型都是一层一层地制造零件,所不同的是每种方法所用的材料不同,制造每一层添加材料的方法不同。　　　　　　　　　　　　　　　（　　）

（5）快速成型技术可以使数据模型转化为物理模型,有效地提高新产品的设计质量,缩短新产品的开发周期。　　　　　　　　　　　　　　　　　　（　　）

(三) 简答题（共 70 分）

（1）与传统的切削加工方法相比,快速成型加工的特点有哪些?（18 分）

（2）简述快速成型的工艺过程。（12 分）

（3）简述几种典型快速成型工艺(SLA、SLS、LOM、FDM)的优缺点。（40 分）

训练 15　激光加工技术

一、激光加工的原理、特点及应用

激光加工是利用高功率密度的激光束照射工件，使材料熔化气化而进行雕刻、切割和焊接等的特种加工技术。

与传统加工技术相比，激光加工技术具有以下优势：

(1) 激光束光点小，易于聚焦、导向，便于自动化控制。

(2) 不接触加工工件，安全可靠，对工件无污染。

(3) 加工范围广，几乎可对任何材料进行加工。

(4) 加工精度高，可保证同一批次的加工效果几乎完全一致。

(5) 高速快捷，对于小批量加工服务，激光加工更便宜。

激光切割技术广泛应用于金属和非金属材料的加工中，可大大减少加工时间，降低加工成本，提高工件质量；激光穿孔、激光雕刻和激光焊接技术等也是激光加工的重要应用领域。

二、激光加工技术实训内容及目的

(1) 运用多种设计软件（包括 AutoCAD、PowerCut、CorelDRAW 等）进行产品设计。

(2) 学习使用加工设计软件对图形参数进行设置与修正的方法。

(3) 学习激光雕切机加工路径设置的方法。

(4) 学习激光雕切机的正确操作方法，完成所设计产品的雕刻、切割加工。

三、激光加工技术安全操作规程

(1) 操作前检查激光雕切机的水冷系统液位，保证循环水出水，防止雕切机加工时温度过高。

(2) 操作前检查激光光路是否正常，防止损坏机器。

(3) 保证加工基体材料平整地粘贴在加工区域的台面上。

(4) 检查激光雕切机的电源连接情况，防止电路接错。

(5) 加工过程中勿将手伸入激光光路，防止激光灼伤皮肤。

四、案例

实训项目：校园特色模型激光加工制作。

(1) 利用激光雕切设计软件设计校园特色模型的风格样式，熟练掌握激光雕切设计软件的使用方法。

（2）正确操作激光雕切设备，按照设计要求完成作品加工。

实训设备：激光雕切机、激光雕切设计软件、冷却系统。

实训步骤如下：

（1）作品图形设计：使用激光雕切设计软件或图形设计软件进行特色模型设计，并根据实训中使用板材的厚度确定拼搭接口参数。

（2）将设计的特色模型保存为雕切机可识别执行的文件格式，并进行模型参数的调整。

（3）设置加工激光强度、加工速度以及加工路径等参数。

（4）运行可视化模拟加工程序，检查加工是否可执行以及是否有误，检查模拟加工的作品参数与加工数据输出是否符合设计要求。

（5）经步骤（4）检查无误后，启动激光雕切机，导入加工数据并正确设置加工参数与坐标原点，完成作品加工。

五、习题

（一）选择题（每题 4 分，共 20 分）

（1）激光器的基本结构由工作物质、泵浦源和_____三部分构成。

a. 反射镜   b. 窗口镜

c. 电极   d. 光学谐振腔

（2）二氧化碳激光器属于_____类型的激光器。

a. 气体激光器   b. 光纤激光器

c. 半导体激光器   d. 固体激光器

（3）在激光的激励方式中，利用具有动能的电子去激发介质原子的方式称为_____。

a. 电激励   b. 光激励

c. 化学激励   d. 物理激励

（4）二氧化碳激光器的光学谐振腔由全发射镜和_____组成。

a. 控制电路   b. 输出反射镜

c. 二氧化碳   d. 电极

（5）二氧化碳激光器中辅助气体的作用是_____。

a. 节省电量   b. 提高功率

c. 减少能量密度   d. 保护激光器不受损坏

（二）填空题（每空 4 分，共 40 分）

（1）激光雕刻加工是利用数控技术为基础，_____为加工媒介。

（2）激光加工的常见方式有_____、_____、_____和_____等几种。

（3）固体激光器工作时会产生比较严重的热效应，必须采取冷却措施。激光器冷却系统主要是对_____、_____和_____进行冷却。

（4）激光器的基本组成部分包括工作介质、_____和_____。

（三）判断题（每题 4 分，共 20 分）

（1）加工速度、激光功率、加工精度、材料是影响激光加工的四个基本要素。　　（　）

（2）雕刻速度指的是激光头在材料表面移动的速度，其单位通常用 mm/s 表示。（　）

（3）雕刻速度可用于控制切割的深度，对于特定的激光强度，速度越慢，切割或雕刻的深度就越大。　　　　　　　　　　　　　　　　　　　　　　　　　　　　　（　）

（4）雕刻强度是指射到材料表面激光的强度。对于特定的雕刻速度，强度越大，切割或雕刻的深度就越浅。　　　　　　　　　　　　　　　　　　　　　　　　　　　　（　）

（5）激光加工对材料表面无任何要求。　　　　　　　　　　　　　　　　　　（　）

（四）简答题（每题 10 分，共 20 分）

（1）简述激光加工技术的优势特点。

（2）简述二氧化碳激光器的优缺点。

第五部分　电子工艺技术

训练 16　电子元件焊接

一、电子元件焊接的原理、特点及应用

电子工艺指根据电子产品设计文件的要求编制产品生产流程、工时定额和作业指导书,指导现场生产人员完成工艺制作和产品质量控制工作。其主要内容包括电子元器件的识别和检测、电子元器件的选用与替换、电子仪器仪表的使用与调试技术、电子手工焊接技术、安全用电技术、PCB 设计和产品生产制作的工艺性选择与改进等。

二、电子元件焊接实训内容及目的

(1)掌握电子工艺中基本的焊接方法。
(2)学习电子元器件知识,能够根据设计指标参数合理选择电子元器件。
(3)学习 PCB 设计与制作工艺。
(4)学习表面贴装式电子工艺流程。
(5)学习电子检测仪器、仪表的使用方法。
(6)学习电子调试技术与方法。

三、电子元件焊接安全操作规程

(1)各类电气设备在使用前必须对电源绝缘性能进行检查,防止使用过程中发生事故。
(2)实训前要清楚知晓电源开关的准确位置,出现事故时应在第一时间切断电源。
(3)发生火灾事故时,切忌使用泡沫灭火器或用水灭火。
(4)在工作台上进行焊接操作时,防止烙铁烫伤皮肤。
(5)采取防静电措施,避免静电击穿元器件。

四、案例

训练项目:回流焊工艺。

实训设备:回流焊机、锡膏、点胶机、锡膏印刷机、真空吸笔。

实训步骤如下:

(1) 根据设计要求选择所需的元器件,再根据元器件尺寸设计 PCB 上焊盘的尺寸。

(2) 用稀释剂将锡膏调成黏稠的酸奶状,并使用锡膏印刷机将其分配至 PCB 的各焊盘上。

(3) 用点胶机在 PCB 放置元件的位置点上红胶,防止未焊接的元件从 PCB 上脱落。

(4) 用真空吸笔吸取元件,放置到 PCB 上适当的位置。

(5) 设置回流焊预热时间、保温时间、焊接时间、冷却时间等参数,设置完成后打开回流焊机完成焊接。

五、习题

(一) 填空题(每空 2 分,共 40 分)

(1) 写出下列电阻器的标称阻值及误差。

① 蓝灰黑:＿＿＿＿＿＿＿＿＿＿＿＿；

② 红红黑金:＿＿＿＿＿＿＿＿＿＿＿＿；

③ 棕黑黑银棕:＿＿＿＿＿＿＿＿＿＿＿＿。

(2) 写出下列阻值电阻器对应的色环。

① 4.7 Ω,5%:＿＿＿＿＿＿＿＿＿＿＿＿；

② 330 kΩ,1%:＿＿＿＿＿＿＿＿＿＿＿＿；

③ 910 Ω,20%:＿＿＿＿＿＿＿＿＿＿＿＿。

(3) 写出下列电容器的标称容量及误差。

① 470 J:＿＿＿＿＿＿＿＿＿＿＿＿；

② 479 K:＿＿＿＿＿＿＿＿＿＿＿＿；

③ 204II:＿＿＿＿＿＿＿＿＿＿＿＿。

(4) 一般电子焊接操作时的五个步骤是＿＿＿＿＿、＿＿＿＿＿、＿＿＿＿＿、＿＿＿＿＿和 ＿＿＿＿＿。

(5) 锡铅共晶焊料中锡与铅的比例约是＿＿＿＿＿。

(6) SMT 电路基板按材料分为＿＿＿＿＿、＿＿＿＿＿两大类。

(7) 焊接是使金属连接的一种方法,在焊接热的作用下,通过焊接材料的原子或分子的相互＿＿＿＿＿作用,使金属间形成一种永久的牢固结合。利用焊接方法进行连接而形成的接点称为＿＿＿＿＿。

(8) 印刷电路板是指在绝缘基板上,有选择地加工安装孔、＿＿＿＿＿和装配焊接元器件的焊盘,以实现元器件间电气连接的组装板。

(二) 选择题(每题 4 分,共 20 分)

(1) ＿＿＿＿＿封装元件四边有"翼形"引脚,脚向外张开。

    a. SOP

    b. SOJ

    c. QFP

    d. PLCC

（2）_____由纸盆、音圈、磁体等组成。当音频电流通过线圈时，音圈产生随音频电流而变化的磁场，此交变磁场与固定磁场相互作用，导致音圈随电流变化而前后运动，并带动纸盆振动发出声音。

    a. 电动式扬声器

    b. 压电陶瓷扬声器

    c. 压电陶瓷蜂鸣器

    d. 舌簧式扬声器

（3）PCB的盲孔是将几层内部导电层与表面导电层连接，不需穿透整个板子。_____则只连接内部的导电层，所以光是从表面是看不出来的。

    a. 过孔

    b. 盲孔

    c. 埋孔

    d. 引线孔

（4）_____在电子产品装配中的应用较广，其主要成分是松香。在加热情况下，松香具有去除焊件表面氧化物的能力，同时焊接后形成保护膜层具有覆盖和保护焊点不被氧化腐蚀的作用。

    a. 无机类助焊剂

    b. 有机类助焊剂

    c. 树脂类助焊剂

    d. 光固化阻焊剂

（5）_____是一种应用最早、最广泛的电阻器，阻值范围宽（10 Ω～10 MΩ），其最大的特点是价格低廉。

    a. 金属膜电阻器

    b. 碳膜电阻器

    c. 线绕电阻器

    d. 敏感电阻器

（三）判断题（每题 4 分，共 20 分）

（1）发光二极管与普通二极管一样具有单向导电性，所以它的正向压降值和普通二极管一样。 （   ）

（2）集成电路的特点是可靠性高、寿命长、专用性强、使用方便、体积小、功能多。（   ）

（3）产品样机试制或整机安装实训时，常采用手工独立插装、手工焊接方式完成印制电

路板的装配。　　　　　　　　　　　　　　　　　　　　　　（　　）

　　（4）装有磁芯或铁芯的线圈比空心线圈的电感量小。　　　　（　　）

　　（5）晶体三极管是电流控制型器件。　　　　　　　　　　　（　　）

(四) 简答题（每题 10 分,共 20 分）

（1）焊接中为什么要使用助焊剂？

（2）什么是集成电路？它有何特点？

训练 17　电路设计与制作

一、PCB 基本概念

PCB 全称为 Printed Circuit Board,意为印刷电路板。它通过在绝缘基板上印刷导电图形(通常是铜线)来实现电子元件之间的电气连接。PCB 的主要作用是实现电子元件的固定和支撑,以及电子元件之间的电气连接和信号传输。它还可以提供散热、机械保护等功能。PCB 广泛应用于计算机、通信设备、消费电子、工业控制、汽车电子、医疗设备等领域,是现代电子设备不可或缺的组成部分。

二、PCB 组成

PCB 主要由基板材料、导电图形、表面处理层、丝印层和连接件等部分组成。

PCB 的基板通常由绝缘材料制成,如玻璃纤维增强环氧树脂等。基板材料的选择会影响 PCB 的性能,如耐热性、机械强度、介电性能等。此外,在绝缘基板上,通过镀铜等工艺可形成导电层,导电层通常用于实现电子元件之间的电气连接。

导电图形包括导线、焊盘与过孔。PCB 上的导线是通过蚀刻工艺在导电层上形成的,用于连接电子元件。导线的宽度、间距等参数会影响电路的性能,如电流承载能力、信号传输速度等。焊盘是用于焊接电子元件的区域,通常位于导线的末端或中间。焊盘的大小和形状应与电子元件的引脚或焊点相匹配。过孔是用于实现不同层之间电气连接的孔,通常在多层 PCB 中使用。过孔可以是通孔(贯穿整个板)或盲孔(只连接部分层)。

为了提高 PCB 的耐腐蚀性和可焊性,通常在导电层表面进行镀层处理,如镀铜、镀镍、镀金等。镀层的厚度和均匀性会影响 PCB 的性能。阻焊层是涂覆在 PCB 表面的绝缘材料,用于保护导电图形,防止焊接时的短路和腐蚀。阻焊层通常为绿色,但也有其他颜色可供选择。

在 PCB 的表面,通常会印刷一些标识和文字,如元件型号、公司标志、产品编号等。丝印层通常由油墨制成,用于提供产品信息和方便维修。在 PCB 之间或与其他电子设备之间,通常会使用连接元件,如插座、插头、排线等,实现电气连接和信号传输。

三、PCB 的分类

1. 根据 PCB 中电路层数分类

根据 PCB 中电路层数分类,可分为单面板、双面板和多层板。

单面板只有一层导电层(铜层),通常位于 PCB 的单面,导电层上印有导电图形(如导线、焊盘等),用于连接电子元件。由于只有一层导电层,单面板的制造工艺相对简单,成本较低,单面板的布线能力较弱,不适合复杂的电路设计,通常用于一些简单的电子设备或原型设计,如一些简单的玩具、电子计算器、简单的控制电路等。

双面板有两层导电层,分别位于 PCB 的两面。两层导电层之间通过过孔(via)实现电气连接。由于双面板有两层导电层,所以它的布线能力比单面板更强,可以实现更复杂的电路设计。相较于单面板,双面板的制造工艺稍复杂,成本略高,但相较于多层板,成本仍然较低。双面板广泛应用于各种中等复杂度的电子设备,如一些家用电器、工业控制设备、计算机主板的部分组件等。

多层板由多层导电层和绝缘层交替叠加而成。导电层之间通过过孔实现电气连接,层数通常为 4 层、6 层、8 层等,层数越高,布线能力越强。多层板的导电层数多,布线能力极强,可以实现非常复杂的电路设计,适合高密度布线和高速信号传输。多层板可以有效减少信号干扰,提高信号传输速度和稳定性,适合高速、高频电路的应用,但由于制造工艺复杂,材料成本高,多层板的成本相对较高。多层板广泛应用于高性能电子设备,如计算机主板、服务器、通信设备、高性能计算设备等,以及一些需要高密度布线和高速信号传输的场合。

2. 根据基材材料分类

根据基材材料进行分类,可分为刚性电路板和柔性电路板。

刚性电路板是指使用硬质基材制成的 PCB,具有固定的形状和结构,不易弯曲或变形。由于基材的硬度较高,刚性电路板在使用过程中不易变形,能够提供稳定的支撑和保护作用。刚性电路板的制造工艺相对成熟,生产成本较低,是目前最常见的 PCB 类型,广泛应用于各种电子设备如计算机主板、手机主板、家用电器,以及工业控制设备等需要固定支撑和稳定性能的场合。

柔性电路板是指使用柔性基材制成的 PCB,具有可弯曲或折叠的特性,能够在三维空间内自由变形。由于基材的柔性和轻薄特性,柔性电路板可以减少设备的体积和重量,提高便携性和灵活性。相较于刚性电路板,柔性电路板的制造工艺较复杂,材料成本较高,因此价格也相对较高。柔性电路板广泛应用于可穿戴设备、手机、笔记本电脑、医疗设备、汽车电子、航空航天等领域,以及一些需要动态运动或空间优化的场合。

四、PCB 设计软件

(1) Altium Designer:这是一款全球知名的 PCB 设计软件,集成了原理图设计、仿真、布局、布线等功能,适合从概念阶段到制造阶段的全流程解决方案。其优点是功能全面,支持300 多个 ECAD 设计工具和 8000 个器件库,适合复杂的设计项目。

(2) Cadence Allegro:这款软件以其高级功能和三维电子设计著称,适用于高密度、多层的复杂 PCB 设计。然而,其学习门槛较高,价格也相对昂贵。

(3) Mentor Graphics PADS:这款软件易于上手,适合中低档设计需求,提供与其他设计软件的接口,方便数据交换。

这些工具和软件各具特色,用户可以根据具体需求选择合适的软件进行 PCB 设计。

五、PCB 设计流程

（1）原理图设计：使用原理图设计软件绘制电路原理图，定义各元件之间的连接关系。

（2）布局设计：根据原理图进行电路板的布局设计，安排元件的位置。

（3）布线设计：在布局基础上进行布线设计，确保各元件之间的电气连接。

（4）仿真与测试：使用仿真软件对设计进行测试，确保电路功能的正确性。

（5）制造文件输出：生成制造文件，如 Gerber 文件，供工厂生产电路板。

六、习题

（一）选择题（每题 3 分，共 15 分）

1. PCB 的中文全称是_____。

a. 印刷电路板

b. 印刷电子板

c. 印刷导电板

d. 印刷连接板

2. 在 PCB 设计中，过孔（via）的主要作用是_____。

a. 提供散热通道

b. 实现不同层之间的电气连接

c. 增加板的强度

d. 减少信号干扰

3. 以下材料中，_____最常用于刚性 PCB 的基材。

a. 聚酰亚胺

b. 聚酯

c. 玻璃纤维增强环氧树脂

d. 聚乙烯

4. 在 PCB 制造过程中，用于形成导电图形的工艺是_____。

a. 丝网印刷

b. 蚀刻

c. 热压

d. 注塑

5. 以下各种 PCB 中，_____适用于需要动态运动的场合。

a. 单面板

b. 双面板

c. 柔性电路板

d. 刚性电路板

(二) 判断题(每题 3 分,共 15 分)

1. PCB 的阻焊层可以防止焊接时的短路和腐蚀。 （　　）

2. 多层板 PCB 的层数越多,其制造成本越低。 （　　）

3. 柔性电路板可以用于高温环境,因为其基材具有良好的耐高温性能。 （　　）

4. 在 PCB 设计中,元件的布局不需要考虑散热问题。 （　　）

5. 刚柔结合板兼具刚性电路板的稳定性和柔性电路板的灵活性。 （　　）

(三) 填空题(每空 3 分,共 18 分)

1. PCB 的导电层通常由＿＿＿＿＿＿＿＿制成。

2. 在 PCB 设计中,元件的布局应遵循＿＿＿＿＿＿＿＿原则,以减少信号干扰。

3. 柔性电路板的基材通常使用＿＿＿＿＿＿＿＿等材料。

4. 多层 PCB 的导电层之间通过＿＿＿＿＿＿＿＿实现电气连接。

5. PCB 的表面处理工艺包括镀铜、镀镍、镀金等,其中镀金工艺可以提高 PCB 的＿＿＿＿＿＿＿＿和＿＿＿＿＿＿＿＿。

(四) 简答题(每题 13 分,共 39 分)

1. 简述 PCB 在电子设备中的作用。

2. 为什么在 PCB 设计中需要考虑信号的完整性?

3. 简述柔性电路板的优点。

(五) 设计题(13 分)

设计一个简单的 PCB 电路,要求实现一个 LED 灯的闪烁控制电路,使用一个 555 定时器芯片控制 LED 灯的闪烁频率,并确保电路的稳定性和可焊性。

要求:

(1) 使用双面板设计;

(2) 选择合适的元件和导线宽度;

(3) 考虑元件布局的合理性和散热问题;

(4) 提供 PCB 设计图和元件清单;

(5) 用铅笔画出 PCB 版图。

第六部分 智能制造技术

训练 18 工业协作机器人

一、工业协作机器人的原理、特点及应用

机器人(Robot)是具有一定自主性的可编程机械系统,可以在其环境中运动并完成一些规定任务。2020年新标准(GB/T 39405—2020)将机器人分为工业机器人、服务机器人(家用、公共)、特种机器人和其他应用机器人。

工业机器人(Industrial Robot)是机器人的一类,是指应用在工业产线领域,可重复编程实现自动化控制的机械结构,是广泛用于工业领域的多关节机械手或多自由度的机器装置,具有一定的自动性,可依靠自身的动力能源和控制能力实现各种工业加工制造功能。

机器人编程(Robot Programming)为使机器人完成某种任务而设置的动作顺序描述。机器人运动和作业的指令都是由程序进行控制,常见的编制方法有两种:示教编程方法和离线编程方法。其中,示教编程方法包括示教、编辑和轨迹再现,可以通过示教器示教和导引式示教两种途径实现。由于示教方式实用性强,操作简便,因此大部分机器人都采用这种方式。离线编程方法是利用计算机图形学成果,借助图形处理工具建立几何模型,通过一些规划算法来获取作业规划轨迹。与示教编程不同,离线编程不与机器人发生关系,在编程过程中机器人可以照常工作。

二、工业协作机器人实训内容及目的

(1) 了解工业机器人的基本组成及运用场景。
(2) 了解工业机器人的轴坐标系、世界坐标系、工具坐标系和工件坐标系。
(3) 掌握工业机器人示教器的示教操作。
(4) 完成机器人码垛离线编程。

三、工业协作机器人安全操作规程

(1) 操作人员在接触机器人前应穿戴个人防护装备,包括安全帽、眼镜、耳塞等。
(2) 在机器人工作区域内,应设置明显的安全警示标志,以提示其他人员注意安全。

（3）在启动机器人之前,操作人员应检查机器人的各个部件是否完好,并确保无杂物或障碍物阻碍运行。

（4）操作人员应按照规定的程序和顺序操作机器人,不得随意调整或改变机器人的工作参数。

（5）在机器人运行期间,操作人员应随时注意机器人的运行状态,并确保其在安全范围内工作。

（6）在操作结束后,操作人员应关闭机器人,并保持工作区域的整洁和安全。

四、案例

（一）机器人示教操作

设备工具:机器人实训平台。

操作步骤如下:

（1）机器人实训平台上电,释放急停开关,切换用户组。

（2）操作示教器切换手动 T1,设置最大运动速度为 10%。

（3）操作示教器完成零件搬运的示教操作。

（4）机器人回到原点,关闭电源。

（二）机器人码垛离线编程

设备工具:电脑 InterRobot 软件。

操作步骤如下:

（1）打开 InterRobot 软件。

（2）设置机器人夹具,选择机器人型号。

（3）在场景中添加码垛板和方块零件,并完成位置标定。

（4）设置零件布局。

（5）编辑码垛路径。

（6）完成码垛仿真。

（7）输出程序。

五、习题

（一）填空题（每空 2 分共 38 分）

（1）工业机器人按坐标形式分可分为＿＿＿＿＿＿、＿＿＿＿＿＿、＿＿＿＿＿＿、
＿＿＿＿＿＿。

（2）工业机器人按结构形式分为＿＿＿＿＿＿、＿＿＿＿＿＿。

（3）焊接机器人按焊接工艺不同,可以分为 ＿＿＿＿＿、＿＿＿＿＿、＿＿＿＿＿。

（4）涂装机器人按机器人手腕结构的不同,可分为＿＿＿＿＿＿＿＿。

(5) 工业机器人驱动器按照动力源的不同,可分为_____、_____和_____三种。

(6) 电器驱动原件包括_____和_____。

(7) 机器人运动方式大致分为三类,分别是_____、_____和_____。

(二) 判断题(每题 2 分,共 10 分)

(1) 机器人液压驱动大多用于要求输出力较小的场合。 （   ）

(2) 气压驱动在工业机械手中用的较多,使用的压力通常在 4~6 MPa。 （   ）

(3) 气动机器人控制精度较高。 （   ）

(4) 交流伺服电动机有整流子和电刷。 （   ）

(5) 直线运动指令为 L。 （   ）

(三) 选择题(每题 2 分,共 10 分)

(1) ABB 机器人的主要编程语言是_____。

a. KRL

b. RAPID

c. KAREL

d. INFORM

(2) 编程指令中的 DI 是指_____。

a. 数字输出

b. 数字输入

c. 模拟输入

d. 模拟输出

(3) 机器人工作范围是指机器人_____或者手腕中心所能达到的点的集合。

a. 机械手

b. 手臂末端

c. 手臂

d. 行走部分

(4) 工业机器人手动模式下正常运动,必须保证安全开关处于_____状态。

a. 未按下

b. 中间

c. 完全按下

d. 任何

(5) _____是指机器人末端执行器的实际位置和目标位置之间的偏差,由机械误差、控制算法和系统分辨率等组成。

a. 定位精度

b. 作业范围

c. 重复定位精度

d. 承载能力

(四) 问答题(共 42 分)

1. 国际标准化组织对机器人的定义是什么?(10 分)

2. 什么是步进电机?其原理是什么?(10 分)

3. 六轴工业机器人的六个轴分别是什么？控制哪些运动？（10 分）

4. 如何建立工具坐标系？（12 分）

训练 19　智能制造产线数字孪生

一、智能制造产线数字孪生的原理、特点及应用

数字孪生技术基于物联网、云计算和大数据分析等先进技术,可以将实际生产线上的设备、物料、工序等信息与虚拟模型进行同步,以实时监控和优化生产过程。智能制造产线数字孪生,即通过数字化技术将智能制造产线映射为虚拟模型,通过在虚拟模型中进行仿真和优化实验,可以找到改进生产线的方法;通过将虚拟模型与物理世界进行交互,还可以实现机器人等智能设备与人的协同工作。

智能产线数字孪生虚拟调试软件支持在虚拟环境中进行智能生产线或工作站布局搭建、产线装备与工艺流程的仿真、PLC 编程仿真调试、机器人编程仿真调试等技能的训练,实现智能制造综合应用实训。该软件可以帮助学习者提前掌握设备相关知识和技能,在虚拟环境中对设备平台运行流程的逻辑关系进行验证,在使用实际设备之前熟悉设备操作方法,掌握相关技能。解决智能产线实际教学中无法实现的多工位、多场景训练的教学难题,同时支持开展理"虚实一体化"教学与培训工作,减少设备损耗,为不同层次的智能制造专业实训提供了有效的教学平台。

二、智能制造产线数字孪生实训内容及目的

(1) 掌握智能产线数字孪生虚拟调试软件的基础操作。

(2) 掌握对象容器配置方法。

(3) 掌握数控机床刀具安装与对刀的方法。

(4) 完成数控机床加工程序导入及仿真加工。

三、智能制造产线数字孪生安全操作规程

(1) 严禁将带有病毒的存储设备在计算机上使用。

(2) 启动计算机前,确认供电电源是否正常,启动后检查操作系统是否运行正常,发现异常及时报告老师处理。

(3) 智能产线数字孪生虚拟仿真软件操作过程中,需要定期进行文件和数据保存。如软件使用时出现卡顿等情况,立即保存文件,关闭软件后重新打开文件。

(4) 软件使用完毕后,正常关闭软件,关闭计算机。

四、案例

实训项目:数控车床零件加工调试。

设备工具：智能产线数字孪生虚拟调试软件。

手柄加工图纸如下图所示。

实训步骤如下：

（1）场景搭建。

在"模型库→人社产线→布局"中，右键点击"人社产线工作站"加载到场景视图中，或者将"模块"中的模型加载到场景视图中自行搭建人社产线工作站。

完整的人社产线需要加载的模型有地面虚拟板、加工中心、安全范围框虚拟—01、车床、料仓、机器人、安全栅栏、机器人电控柜、电气柜、电脑桌、快换夹具。

（2）对象容器配置。

在顶层的菜单栏下，找到"工作仿真站→对象→数控车床"，在右侧弹出的对话框中将模型绑定为"车床"，若无法直接选择模型进行绑定，可在左侧的组件中进行选择。

在"工作仿真站"界面点击"开始"开启仿真，给车床对象容器一个使能信号，然后将防护门/卡盘使能打开，此时若看到防护门及卡盘动作，则表示对象容器绑定成功。

（3）车床控制器配置。

在顶层的菜单栏下，找到"数控机床→数控车床"，在右侧弹出的窗口中，将系统类型选择为"虚拟控制系统"，连接对象绑定"车床"，选择刀盘为"转盘式刀库"。

（4）放置毛坯。

在案例库"工件"中将中间轴毛坯加载到场景中，毛坯尺寸设置为 50 ∗ 100，并将车床子节点下的加工点位的位置信息复制、粘贴给毛坯。

（5）装刀和对刀。

点击"设置"，进入了刀具导入界面，再根据加工工序卡来选择合适的刀具安装到刀盘上面，刀具安装的方法是先点击左边的刀具，然后在刀盘上选择合适的位置添加刀具。本次实训使用的刀具为 35 度外圆车刀，安装在 1 号刀位，完成之后点击导入。

进入"数控面板"，先点击绿色"上电"按钮，使数控面板开机，接着点击"手动模式"按键→"卡盘松/紧"按键→"主轴正转"按键→"设置"功能按键。分别控制 X、Y、Z 轴移动到工件附近，待软件提示"刀具即将接触到毛坯，请切换较小的移动倍率"后，将"手动"模式切换成"增量"模式消除提示，先调整手轮的移动倍率，控制正负方向，缓慢向工件靠近。

车床对刀点位只有一个,即毛坯端面和加工面交点处,通过控制面板将刀尖移到此处,当产生飞屑时停止移动,在数控车床面板上选择"刀补"键进行参数设置:刀具号为01号刀,试切直径为50,试切长度为0。点击试切直径和试切长度,点击"确定"按钮后对刀完成。

(6) 导入加工程序。

在面板界面,选择"程序"功能键,导入"纪念章手柄"加工程序,点击"测试",看有无语法错误,待显示测试成功后,定义程序名称,点击"保存"完成加工程序调试。

(7) 程序容器配置及仿真加工。

点击"工作仿真站→程序→数控车床程序",在右侧对话框中绑定为"车床",在下拉框中选择需要进行仿真加工的程序。

仿真前通过控制面板将毛坯夹紧,然后在"工作仿真站"界面点击"开始"按钮开启仿真,打开程序使能,再点击"程序"开始,此时机床自动运行,观察加工轨迹是否正确。

五、习题

(一) 填空题(每空 2 分,共 28 分)

(1) 加工中心的刀具号是由左侧_____里的号码确定,与_____上的编号无关。

(2) 车床程序容器开启仿真进行验证时,先点击_____,再点击_____,车床就会开始运动。

(3) 车床对刀点在毛坯_____和_____交点处,通过_____将刀尖移到此处。

(4) 配置车床对象容器时,若无法直接选择模型绑定,可在左侧的_____中进行选择。

(5) 放置毛坯时,将车床子节点下的_____位置信息复制粘贴给毛坯。

(6) 功能块容器一共有 5 种,分别为 _____、_____、_____、_____、_____。

(二) 判断题(正确的打"√",错误的打"×"。每题 2 分,共 12 分)

(1) 数控车床加工调试时,数控面板可手动编写程序,也可导入写好的程序。　　(　　)

(2) MOVE J 指令以机器人当前位置为起点,控制其在笛卡尔范围内进行直线运动。

(　　)

(3) 加工中心建立工件坐标系时,圆形物料用中心测量法。　　(　　)

(4) 车床对象容器仿真验证时,直接打开防护门使能开关,防护门就会关闭。　　(　　)

(5) 加工中心虚拟调试时,每种刀只能放一把,放的位置随意,无需排刀。　　(　　)

(6) 数控车床加工调试时,车床装刀的刀具号需要与数控程序对应。　　(　　)

（三）简答题（共 60 分）

（1）模型属性修改有几种方式？（20 分）

（2）简述数控车床零件加工调试实施流程。（20 分）

（3）简述虚拟调试时加工中心加工方料的对刀操作。（20 分）

第七部分　综合实践创新

训练 20　新能源小车设计与制作

一、概述

现代科学技术的不断发展,极大地推动了不同学科的交叉与渗透,促进了工程领域的技术革命与改造。在机械工程领域,由于微电子技术和计算机技术的迅速发展及其向机械工业的渗透所形成的机电一体化,使机械工业的技术结构、产品机构、功能与构成、生产方式及管理体系发生了巨大变化,使工业生产由机械电气化迈入了以机电一体化为特征的发展阶段。机电一体化是指在机构的主功能、动力功能、信息处理功能和控制功能上引进电子技术,将机械装置与电子化设计及软件结合起来所构成的系统的总称。机电一体化系统一般由结构组成要素、动力组成要素、运动组成要素、感知组成要素和智能组成要素有机组合而成。

目前,机电一体化的发展呈现出以下特点。

(1) 智能化。

人工智能在机电一体化中的研究日益受到重视,智能机器人与智能数控机床就是这一领域中的重要应用。机电一体化中的"智能化"主要是指在控制论的基础上,吸收人工智能、运筹学、模糊数学、心理学和混沌动力学的研究成果,使机电产品具有一定的判断推理、逻辑思维、自主决策等能力,以求得到更高的控制目标。

(2) 模块化。

机电一体化产品一般具有比较复杂的功能,并且集成了许多不同生产厂家的产品,因此在标准机械接口、电气接口、动力接口和环境接口等方面具有较大的差异。显然,如果将各部件用标准化的模块封装,不仅便于各部件、单元的匹配和接口,还可以实现复杂产品的快速开发。

(3) 网络化。

现场总线和工业局域网是机电一体化产品网络化发展的趋势,利用现场总线将各种机电一体化制造设备连接成以计算机为中心的计算机集成制造系统(Computer Integrated Manufacturing System, CIMS),是现代制造企业的重要特征。

(4) 绿色化。

工业的进步给人类生活带来了丰富的物质财富,但也给生态环境带来了巨大的破坏。

机电一体化产品的绿色化主要是指在设备使用时不污染生态环境,设备报废后,大部分零部件可以通过再利用、再制造等资源化方式循环使用。这就要求机电产品在其设计、制造、使用和报废的全生命周期中,都必须考虑产品的绿色化。

二、实训内容与目的

(1)掌握从事机电技术必需的理论知识和基本动手实践的能力。

(2)掌握机电设备和自动化设备的安装、调试、运行、维护与检测方法。

三、实训任务

训练项目名称:新能源小车设计与制作。

实训设备:普通车床、数控铣床、3D打印机、激光切割机、电子焊接设备、调试组装设备。

实训步骤如下:

(1)按照设计要求进行结构设计,包括驱动设计、传动机构设计、转向机构设计、小车底板设计。

(2)按照设计要求进行控制系统设计,包括硬件电路设计、控制策略选择、转向控制方案设计。

(3)组装与调试,包括各零部件的机械性能调试与电气性能调试,各零部件的独立调试与联调。

四、习题

新能源小车设计与制作	
结构设计方案 Structure Design Scheme	项目名称
1. 设计思路	
2. 小车设计方案	

3. 小车装配及零件图

4. 总结和体会

产品名称		共　页	第　页	编号：

机械加工工艺过程卡片
Machining Process Card

新能源小车设计与制作

材料				共 页	第 页	编 号	
	毛坯种类	毛坯外形尺寸	每毛坯可制作件数	产品名称		生产纲领	件/年
				零件名称		生产批量	件/月
				每台件数		备注	
序号	工序名称	工序内容		工 序 简 图	机床夹具	量具辅具	工时 /min
1							
2							
3							
标记	处数	更改文件号	签字	日期	编制（日期）	审核（日期）	标准化（日期）	会签（日期）

工艺成本分析方案
Process Cost Analysis Scheme

共 页	第 页	编 号
产品名称		生产纲领

新能源小车设计与制作

1. 材料成本分析

编号	材料	毛坯种类	毛坯尺寸	件数/毛坯	每台件数	备注

2. 人工费和制造费分析

序号	零件名称	工艺内容	工 时			终准时间
			机动时间	辅助时间		

工艺成本分析

3. 总成本

新能源小车设计与制作	工程管理方案 Project Management Plan		共　页	第　页	编　号	
			产品名称		生产纲领	件/年
			零件名称		生产批量	件/月
1. 生产过程组织（包括设备配置）						
2. 人力资源配置						
3. 生产进度计划与控制						
4. 质量管理						
5. 现场管理						

训练 21　工业协作机器人及数字孪生技术创新应用

一、概述

随着科技的发展,机器人工程已经成为一个重要的技术领域,其在工业、医疗、家庭、教育等方面正得到越来越广泛的关注和应用。机器人是新质生产力的重要因素之一,发展机器人产业也是发展新质生产力的需要,相关人才缺口巨大,迫切需要培养能解决复杂工程问题、有创新能力及编程仿真操作能力的高素质技术型、应用型、复合型人才。

二、实训内容及目的

本实训利用工业协作机器人及数字孪生技术创新应用平台,进行机器人多功能夹具设计与制造、安装与调试,并在工业协作机器人及数字孪生技术创新应用平台上,完成饮品瓶罐的搬运、开盖及其内液体的分装等工作任务,满足小批量多品种产品的定制化生产需求。

本实训主要考查实训者对工业机器人末端夹具创新设计与制造、工业协作机器人技术、数字孪生技术、PLC 与 HMI 技术、机器视觉技术等综合应用的能力,以真实的工业装备和应用环境,考查实训者解决机器人领域复杂工程问题的综合能力。

三、实训任务

（一）夹具创新设计

根据实训平台技术参数与功能,完成指定两种饮品瓶罐（A-红牛饮料罐-250 ml、B-娃哈哈矿泉水瓶-596 ml）抓取和开盖的末端多功能夹具及辅助机构的自主创新设计与制作,使其能安装在 HSR-CR605 机器人末端,并满足机器人抓取重量的技术参数要求,通过工业协作机器人完成上述指定饮品瓶罐的抓取和开盖。

末端夹具要求如下:

（1）机器人末端法兰之外的部分均需设计制作,包括抓取物的总重量小于 5 kg。现场实训时实训者如果未携带自行设计的末端夹具及辅助机构实物参加实训,即视为自动放弃该环节实训。

（2）实训者创新设计的夹具三维模型文件需要带到实训现场,导入到数字孪生软件中,完成孪生运行与虚拟仿真调试。

（3）末端夹具及辅助机构需适应上述指定两种饮品瓶罐的尺寸、形状和材质。通过工业协作机器人完成上述指定两种饮品瓶罐的开盖应用场景。

（4）末端夹具及辅助机构由实训者自主设计与制造,具有创新性,不得抄袭与委托他人设计制作。

（二）视觉系统调试

任务描述：工业协作机器人及数字孪生技术创新应用平台包含视觉调试系统。实训者也可根据自身需求安装其他视觉系统，但现场不提供自带视觉系统的调试软件。实训者应完成视觉系统的调试任务，并能够识别饮品瓶罐的特征。

任务要求：

（1）通过视觉系统调试软件，调试视觉系统使 A、B 饮品瓶罐在拍照区域下能够清晰成像并识别出饮品瓶罐的类型（简体中文）、必要的角度值或位置值等特征。

（2）完成视觉系统与 PLC 的通信，能够通过 HMI 界面，拍照后显示 A、B 饮品瓶罐的类型（简体中文）、必要的角度值或位置值等特征，如下图所示。

（三）数字孪生虚拟仿真调试

任务描述：利用工业协作机器人数字孪生虚拟调试软件，现场导入实训者自行设计的末端夹具模型实现上述指定的一种饮品瓶罐内液体的分装任务。

任务要求：

（1）在数字孪生虚拟调试软件中，将液体倒入分装杯内，饮品瓶罐放置在物料存放区的任一仓位内，分装杯放置在杯托中，位置不限。

（2）导入自行设计的末端夹具模型并调试机器人程序。

（3）调试视觉系统，匹配模板，获取拍照特征，识别瓶罐类型，通过提供封装的 PLC 程序（供数字孪生用）控制机器人调整饮品瓶罐（A-红牛饮料罐）的放置角度（注：$|\alpha|>10°$，这里 α 指的是开盖时瓶罐特征中的角度值，$\alpha>10°$ 或 $\alpha<-10°$）或饮品瓶罐（B-娃哈哈矿泉水瓶-596 ml）的位置。

（4）通过 HMI 仿真启动按钮实现瓶罐的抓取、识别其放置角度或位置，并完成调整、开盖、分装瓶罐内液体的任务。

（5）评判时，系统自动对饮品瓶罐的抓取、开盖、液体分装任务完成情况进行评分。

（四）饮品瓶罐分装及数字孪生虚实联调

任务描述：在工业协作机器人及数字孪生技术创新应用平台上，通过 HMI 界面（如前图所示)选择一种饮品瓶罐后,按下 HMI 界面上的启动按钮,工业协作机器人通过外部模式启动,机器人从饮品瓶罐放置区取出瓶罐,送至拍照区域进行瓶罐的识别,完成瓶罐识别后在辅助机构放置区域完成瓶罐开启,最后将瓶罐内液体的 1/2 倒入分装杯。与此同时,工业协作机器人数字孪生虚拟调试软件实现虚实联动。

任务要求:

(1) 不得通过各种破坏性行为完成任务。

(2) 在每场实训开始时,指定饮品瓶罐初始摆放位置由实训者自行摆放,但摆放后不得更换与移动。

(3) 在评分时,依次完成 A、B 两种饮品瓶罐的抓取与分装。

(4) HMI 界面要求,HMI 界面可参考(二)中的图。

① 可选择 A、B 两种不同类型的饮品瓶罐。

② 通过 HMI 可实现机器人外部启动。

③ 可通过 HMI 触发视觉识别系统,完成视觉拍照与数据传送。

机器人具体动作过程如下:

(i) 机器人从原点出发;

(ii) 机器人从饮品瓶罐放置区自动取出饮品瓶罐;

(iii) 利用视觉系统,识别出指定类型的饮品瓶罐,并调整其位置;

(iv) 将饮品瓶罐搬运至辅助机构定位处,进行定位开盖;

(v) 机器人将指定饮品按照指定规格倒入分装杯中,若洒出,则会扣分;

(vi) 机器人完成饮品分装后,实训者将饮品瓶罐放置到任意合适区域;

(vii) 机器人回到原点。

(5) 数字孪生虚实联调时,工业协作机器人数字孪生虚拟调试软件中模型与机器人的动作与实物平台保持一致,实现数字孪生联动。

① 调整软件中模型的位置使其与实物平台保持一致。

② 通过连接获取实物机器人轴数据,实现仿真机器人与实物机器人孪生运行。

③ 通过配置信号,实现饮品瓶罐抓取、开盖及其内饮品分装的虚实联动任务。

(五) 场外答辩要求

各实训队选派代表参加场外答辩,实训者可以从设计的独创性、技术或原理的创新性、实现的经济性和易用性、价值导向性、环保性等方面进行介绍。答辩问题涉及工业协作机器人末端夹具的设计思路、工作原理、制作工艺及创新点等。

(1) 在实训时提交设计文档,文档应包括:

① 概念设计、总体设计、功能设计和详细设计;

② 主要非标零部件的制造工艺过程卡和工序卡;

③ 安装调试过程和结果分析;

④ 优化设计和制造的方法和结果。

(2) 提交演示视频文件电子版。

(3) 提交答辩 PPT 文件电子版。

（六）职业素养与安全操作要求

对实训者全过程的职业精神及其具备的生产安全、环境保护知识和操作的规范性、系统性等进行综合评价，主要从以下几个方面进行考核：

（1）安全文明实训；

（2）设备操作的规范性；

（3）工具、量具的使用与摆放；

（4）着装规范；

（5）资料归档完整；

（6）完成任务的计划性、条理性，以及遇到问题时的应对状况等。

（七）附件

1. 实训平台布局示意图与工业协作机器人参数

自由度	6	电源容量		1.3 kV·A	本体/电柜重量	24 kg/15 kg
负载	5 kg	容许惯性矩	J6	0.12 kg·m²		
最大工作半径	785 mm		J5	0.23 kg·m²	本体/电柜防护等级	IP67/IP20
重复定位精度	±0.02 mm		J4	0.31 kg·m²	I/O 参数	数字量16 位输入（NPN），16 位输出（NPN）
各轴运动范围	J1	±360°	最高速度	J1	240°/s，4.18 rad/s		
	J2	−240～60°		J2	210°/s，3.66 rad/s		
	J3	−60°～240°		J3	270°/s，4.71 rad/s	本体预留信号线	8 位（航空插头连接）
	J4	±360°		J4	375°/s，6.54 rad/s		
	J5	±360°		J5	300°/s，5.23 rad/s		
	J6	±360°		J6	600°/s，10.46 rad/s		

2. 机器人末端法兰安装尺寸图

$\sqrt{Ra3.2}$ （√）

$\phi 5_0^{+0.01}\,\overline{\vee}\,6$
（防止外置夹具转动）

6×ϕ4.3（与机器人本体固定，已使用）
⌴ϕ8$\overline{\vee}$11

外置夹具设置同心圆尺寸

A

10

17

A—A

17.32

ϕ3.3$\overline{\vee}$8
ϕ12$_0^{+0.018}$$\overline{\vee}$6

C1

ϕ58$_{-0.029}^{+0.01}$

ϕ50

ϕ23

C1

6×M4$\overline{\vee}$8（外置夹具安装紧固用）
孔$\overline{\vee}$9

A

外置夹具安装侧

机器人本体侧，结构简化

技术要求：
（1）表面处理阳极氧化；
（2）此图为第一视角标注，未注尺寸以3D模型为准；
（3）除有标记外的所有表面均为C级面；
（4）所有螺纹需倒角；
（5）外观面不得有划痕、刀纹、斑马纹等；
（6）注意加工工艺，防止零件应力变形；
（7）孔间距为±0.1；
（8）孔到边为±0.2；
（9）未注尺寸公差按GB/T 1804—2000 M级，未注形状和位置公差按GB/T 1184—1996 H级。

标记	处数	分区	更改文件号	签名	年 月 日	图纸	末端法兰安装尺寸		深圳华数机器人有限公司	
						A4				
设计			标准化			材料	铝6061		HSR_CR605	
校对			审核			阶段标记	件数	重量	比例	
			批准				1/PCS		1∶1	HSR_CR605_J6_P07
						共1张		第1张		

3. 操作板规格

技术要求：
（1）所有棱边去毛刺锐边；
（2）未注倒角为C0.2～C0.8，圆角为R0.2～R0.8；
（3）未注公差按GB/T 1804—1992 M级加工。

4. 辅助机构定位气缸型号和规格（该气缸现场提供一个）

5. 末端夹具气缸型号和规格(该气缸现场提供一个)

其余 3.2

零件名称		图号				版次	A0
部件名称		材料			236 g	视图	
设备名称		单机数量			1	比例	1：1
设计		制图		表面处理		日期	
审核		复核		批准			

亚德客气缸HFZ20

2-M5▽10
φ21 +0.05 0 ▽2
32
27.5
18

53
φ26.5 +2 0(张开)
φ8 0 -0.05
φ16.5 0 -1(闭合)
20.7
4-M4
10
5
9
2-M5▽8
85
53
29
2-M5▽8
35
18.5
30
42

M5(张开通气孔)
9.5 13.5
15
M5(闭合通气孔)

技术要求：
(1) 所有棱边去毛刺倒锐边；
(2) 未注倒角为C0.2～C0.8，圆角为R0.2～R0.8；
(3) 未注公差按GB/T 1804—1992 M级加工。

公差等级	0.5～3	3～6	6～30	30～120	120～400	400～1000	1000～2000	2000～4000
F(精密级)	±0.05	±0.05	±0.1	±0.15	±0.2	±0.3	±0.5	±1.0
M(中等级)	±0.1	±0.1	±0.2	±0.3	±0.5	±0.8	±1.2	±2.0

未注公差按GB/T 1804—1992 尺寸分段

训练 22　五轴加工及数字孪生技术创新应用

一、概述

随着科技的飞速发展,全球制造业正经历着前所未有的科技革命与产业变革,我国工业领域数智化转型迅猛,方兴未艾。数智化转型意味着传统生产方式的深刻变革,它利用 3D/XR、数字孪生、人工智能、云计算、大数据、工业互联网等先进技术及生产力,助力传统工业实现网络化、数字化、智能化转型。而新质生产力,则代表着生产力的现代化和跃迁,它以科技创新为核心,以高质量、高效率、高附加值为特征,为经济社会的发展注入新的动能。数智化转型与新质生产力的交融共生,不仅提升了生产效率,优化了资源配置,而且推动了产业结构的转型升级和新兴领域的快速发展。

二、实训内容及目的

该实训项目利用智能高速五轴机床及数字孪生技术创新应用平台,进行风力发电装置传动机构、底座以及叶轮设计与制造、安装与调试,并在智能高速五轴机床及数字孪生技术创新应用平台上,完成风力发电装置风速测试、风力发电电压电流指标、发电功率等多项功能。

该实训项目重点考查学生对基础学科及专业学科理论知识的理解与项目案例的实践创新应用,掌握数智化技术的实际应用及解决实际工程问题的综合实践能力,鼓励学科知识交叉融合,鼓励创新、创造精神与数智工匠精神!

三、实训任务

(一)整体装置创新设计

实训者根据实训平台技术参数与功能,在现场实训前,完成风力发电平台的自主创新设计与制作,并通过 PPT 形式进行产品设计思路讲解,介绍其主要功能及创新想法。

风力发电装置的要求如下:

(1)实训者需要实训前自行设计并制作风力发电整体装置,主要为电机与叶片之间的传动机构、底座以及电控部分。叶轮需在实训现场完成设计并通过五轴机床加工,再进行其余零部件装配。

(2)实训者现场设计的零件加工模型文件以及 CAM 软件生成的程序需要在实训现场导入数字孪生软件中,完成孪生运行与虚拟仿真调试。

(3)风力发电装置平台整体需进行爆炸图生成,实现整体装置部件内部结构的整体展示。

（4）风力发电装置由实训者自主设计与制造，具有创新性，不得抄袭与委托他人设计制作。

（二）产品三维设计及建模

任务描述：利用现场电脑根据风力发电整体装置要求，自行设计叶轮模型并进行建模。

任务要求：

（1）对零件进行三维模型截图（必须为模型实体图，不能为线框图），截图后需要对尺寸位置进行标注，截图位置应与任务二的图纸检测尺寸相符，截图方向应与任务二的图纸检测方向相同，可截多张图进行补充，需含有模型整体图。

（2）必须有零件整体截图正、反面各一张，并做好截图位置文件夹分类。

（3）将完成的三维造型模型文件及图片截图文件保存在计算机"桌面\五轴加工及数字孪生技术创新应用\"文件夹下。

（三）数智制造/CAM 任务描述

利用现场电脑的 CAD/CAM 软件对零部件进行数控程序编制，对零件进行零件刀轨截图（模型必须为实体图，不能为线框图）。

任务要求：

（1）在截取刀轨图片时，必须严格遵循实际机床加工工艺的标准操作，进行零件粗加工和精加工，或者根据工序类型进行分类。若单张截图无法完整展示所需信息，可截取多张图片进行补充。同时，务必保证包含零件刀轨的整体视图，以便全面反映加工过程。此外，为了便于管理和查询，应将截图按位置分类存放于相应的文件夹中，确保文件组织清晰有序。

（2）对产品进行二维图纸生成，标注相应尺寸，尺寸位置需包含公差，公差范围为 ± 0.05 mm，标注尺寸数量不少于 3 个，并填写工艺卡。

①执行自行设计的生产工艺步骤并设计相应格式的工艺卡；

②按要求填写相应工艺卡。

（3）将完成的带模型刀轨文件、图片截图文件以及产品图纸图片保存在计算机"桌面\五轴加工及数字孪生技术创新应用\"文件夹下。

零件名称		机械加工工艺过程卡		毛坯种类		共　页
				材料		第　页
工序号	工序名称	工序内容			设　备	工艺装备
1						
2						
3						
4						
5						
6						
编制		日期		审核		日期

零件名称		机械加工工序卡		工序号		工序名称		共　页
								第　页
材料		毛坯状态		机床设备		夹具		
工步号		工步内容		刀具规格	刀具材料	量具	背吃刀量	进给量/(mm/min)	主轴转速/(r/min)
1									
2									
3									
日期				审核		日期		

零件名称		数控加工刀具卡			工序号			
工序名称			设备名称			设备型号		
工步号	刀具号	刀具名称	刀柄型号	刀具 直径/mm	刀长/mm	刀尖半径/mm	补偿量/mm	备注
1								
2								
3								
4								
5								
6								
编制		审核		批准		共　页	第　页	

（四）五轴数字孪生机床仿真及零件测量

任务描述:利用现场电脑的惠脉五轴数字孪生软件对零部件基于 G 代码进行仿真,并对零件仿真结果进行截图(模型必须为实体图,不能为线框图),需含有装夹治具零件加工完整的截图,若单张截图无法完整地展示所需信息,可截多张图片进行补充。必须有正、反面仿真完整的截图。

任务要求:

(1) 对零件图纸尺寸标注处进行惠脉仿真测量截图,截图必须有清晰的测量位置,可截图多张进行补充,必须有零件仿真结果整体图,并做好截图位置文件夹的分类。

(2) 将完成的图片截图文件保存在计算机"桌面\五轴加工及数字孪生技术创新应用\"文件夹下。

(五)五轴机床现场实操与加工结果

任务描述:

(1) 利用给定的机床、卡盘,实训者自带工具、量具、刀具、自行设计制作的叶轮加工夹具完成叶轮的加工、检测及精度调整。

(2) 将卡盘调整为正爪,完成二次工装的装夹。

(3) 完成零件加工和检测及质量调整,提交实物零件。

(4) 根据零件工程图纸完成零部件检测。

任务要求:

(1) 机床操作过程中,严格遵守操作规范,实训结束,及时暂停机床,并举手示意。

(2) 将加工完成的零件检测后做好记录,放置到指定位置进行装配,并做好机床清洁。

(六)产品装配验证与功能实现

任务描述:

实训者携带存有自行设计的底座以及传动机构文件的 U 盘到检录处,由检录处的工作人员拷贝至现场 U 盘。

将任务一的叶轮零件进行装配,完成整体风力发电平台装置的爆炸图生成,实现各功能部件的展示,并对整体机构进行实体装配,实现发电功能。

任务要求:

(1) 对零件爆炸图进行截图,截图必须能清晰地展示风力发电平台装置各功能部件,并做好截图位置文件夹的分类。

(2) 将完成的图片截图文件保存在计算机"桌面\五轴加工及数字孪生技术创新应用\"文件夹下。

(七)场外答辩

要求各实训队选派代表参加场外答辩,实训者可以从设计的独创性、技术或原理的创新性,实现的经济性和易用性、价值导向性、环保性等方面进行介绍。答辩问题涉及风力发电装置的整体设计思路、工作原理、制作工艺及创新点等。

(1) 在现场实训时提交设计的压缩文档,文档应包括风力发电整体装置产品说明书、风力发电整体装置制作过程视频(软件+实操部分共剪辑 5 min 左右)、风力发电整体装置安装调试过程和结果显示(剪辑 2 min 左右);优化设计和制造的方法说明方案。

(2) 提交演示视频文件的电子版。

(3) 提交答辩 PPT 文件的电子版。

（八）附件

1. 平台使用的设备工具和材料清单

序号	名称	规格型号	数量	单位
1	风力永磁直流发电机	WY1013 DC24V	1	个
2	电机固定支架	电机固定支架-厚度 5 mm	1	个
3	整流器	整流器	1	个
4	电控箱	钣金件	1	套
5	数显电流测量仪表	直流电流 0.00~5.00 A 输入	1	个
6	数显电压测量仪表	直流电压 0~600 V 输入	1	个
7	数显电机测速仪转速传感器显示表	转速表 P71＋红外线感应反光贴＋报警盒＋V12	1	个
8	机械线速测试仪	两用型 DT-2236B＋充电套装	1	个
9	迷你小灯泡	5 V，直径 26 mm，半圆，1.5 W/3 W/绿	1	个
10	迷你小灯泡	12 V，直径 26 mm，半圆，1.5 W/3 W/黄	1	个
11	迷你小灯泡	24 V，直径 26 mm，半圆，1.5 W/3 W/红	1	个
12	空气开关	2PD6	3	个
13	24 V 开关电源	S-100W-24V	1	个
14	0.5 平方导线	0.5 平方导线	3	米
15	直流电压检测继电器	YVT8-A，供电 7-27VDC，检测 0-250V，直流	1	个
16	电机安装座	电机安装座	1	个
17	德韵吹风机	DY-6800W-5 挡	—	—
18	风速仪	（旗舰款）分体式手持伸缩杆风速仪	1	个

2. 平台装置图

3. HMC-200i 五轴机床主要技术参数

类别	项目	单位	规格
行程	X 轴行程	mm	400
	Y 轴行程	mm	500
	Z 轴行程	mm	350
	A 轴行程	deg	$-120\sim120$
	C 轴行程	deg	$n\times360$
	X 轴行程关于工作台的中心分布	mm	$-200\sim200$
	Y 轴行程关于 A 轴的轴线分布	mm	$-250\sim250$
	主轴鼻端到台面最大距离	mm	470
	主轴鼻端到台面最小距离	mm	120
工作台	类型	—	直驱
	工作台尺寸	mm	$\phi260$
	工作台最大载重	kg	60
	工件最大回转直径及高度	mm	$\phi390\times250$
	T 形槽形式	mm	12H8(数量 4 均布)
	工作台锁紧方式	—	气动
	A/C 轴最大扭矩	N·m	750/330
	A/C 轴额定扭矩	N·m	253/105

类别	项目	单位	规格
主轴	主轴类型	—	电主轴
	主轴锥孔规格	—	BT30
	主轴额定功率	kW	8
	主轴额定扭矩	N·m	S1:11/S6:13.7
	主轴转速范围	r/min	30000
刀库	刀库形式	—	伞形
	刀库容量	把	20
	最大刀具直径/长度	mm	ϕ50/150
进给	$X/Y/Z$ 轴快速移动速度	m/min	36/36/36
	A/C 轴最大速度	r/min	200/250
精度	$X/Y/Z$ 轴定位精度	mm	0.008/0.008/0.008
	$X/Y/Z$ 轴重复定位精度	mm	0.006/0.006/0.006
	A/C 轴定位精度	sec	10
	A/C 轴重复定位精度	sec	5
机床尺寸	机床外形(长×宽×高)	mm	3100×2400×3000
	机床重量	kg	4500
其他	机床控制系统	—	HNC-848Di
	电源要求	—	三相 380V\50Hz\30kVA
	气压	MPa	0.6~0.8

附录　工程实践与创新体会、意见和建议

工程实践与创新综合指南

学　　院 _____

班　　级 _____

姓　　名 _____

学　　号 _____

实训时间 _____

评 分 统 计			
训练 1 工程实践创新概述		训练 12 数控铣削	
训练 2 工程材料及其热处理工艺		训练 13 数控电火花线切割	
训练 3 铸造工艺		训练 14 快速成型:3D 打印技术	
训练 4 锻压工艺		训练 15 激光加工技术	
训练 5 焊接工艺		训练 16 电子元件焊接	
训练 6 车削工艺		训练 17 电路设计与制作	
训练 7 铣削工艺		训练 18 工业协作机器人	
训练 8 刨削工艺		训练 19 智能制造产线数字孪生	
训练 9 磨削工艺		训练 20 新能源小车设计与制作	
训练 10 钳工工艺		训练 21 工业协作机器人及数字孪生技术创新应用	
训练 11 数控车削		训练 22 五轴加工及数字孪生技术创新应用	